변화와 혁신의 리더십

LEADERSHIP

이종규 지음

신아사

머리말

2020년은 바야흐로 본격적인 제4차 산업 혁명기에 접어든 시대이며 세계적으로 정치, 경제, 문화적 환경은 예측할 수 없이 빠르고 파괴적으로 변하고 있다. 지도자의 출현도 그동안 보지 못하던 예측할 수 없는 인물이 등장하고 있어 어떤 고정된 리더십 패러다임을 찾기가 힘들게 보인다. 당연히 탈락하리라 예상했던 대통령후보가 당선되는가 하면, 현대자동차가 자동차의 아성인 독일 아우디나 BMW를 제치고 판매고에서 유럽을 질주하고 있으며 자동차 밧데리, 스마트 폰, 초고속통신망(5G), 인공지능 등이 우리의 삶이나 기업 및 국가경제에 직접적으로 영향을 미치고 있다. 일본은 위성공격을 제어하고 방어하는 군사위성을 발사준비하고 있으며, 한국은 5세대 스텔스전투기를 2020년부터 제작에 들어갔다. 미중 무역전쟁으로 중국은 지방경제나 금융이 와해되고 있으며, 북한의 독재도 지도자가 내부 폭동으로 와해되기 일보직전이다. 사스에 이어 코로나 바이러스가 통제 불가능한 속도로 번지고 있고 대기와 바다의 환경오염은 돌이키기 어려울 정도로 손상되고 있고, 아직도 기아와 자연재난으로 제3세계는 고통을 안고 있지만, 과학과 경제의 발달과 새로운 리더십으로 세상은 복지를 공유하고 고통에서 벗어나기를 기다리는 희망 속에 있다. 제4차 산업혁명이 가져다주는 첨단기술과 편리함과 부는 변혁의 효과적인 리더십을 통하여 전 세계의 고통받고 굶주리는 국가의 국민의 삶의 질을 개선하고 행복을 나누어주는 전도사 같은 미션을 추구해야 한다. 그런 의미에서 이 책은 리더십, 변화, 혁신을 잘 이해하여 변혁적 리더십을 자기 주도적, 효과적으로 잘 만들어 이를 통하여 자기 자신과 팀 멤버의 목적을 달성하는데 1차적인 목적이 있다. 그리고 이를 발판으로 지구촌 사람들 모두가 복지를 향유하고 행복한 삶을 만들어 나가는 미션을 달성하고자 하는데 이 책의 목적이 있다. 우리 모두 그 목적을 위하여 리더십을 공부하자.

2020년 2월

저자 이종규

목차

머리말 ··· 3

제1장 리더십(Leadership)

1. 리더십의 이해 ··· 11
2. 리더십에 대한 역사적 견해 ··· 13
3. 리더십 이론 ··· 29
4. 요약 및 결론 ··· 53
참고문헌 ··· 55

제2장 변화(Change)와 혁신(Innovation)

1. 변화(Change)의 이해 ··· 63
2. 변화와 혁신(Innovation) ··· 68
3. 변화에 대한 연구 ··· 73
4. 변화관리 ··· 83
5. 혁신(Innovation)의 의미 ··· 93
6. 혁신의 확산(Diffusion) ··· 106

7. 혁신의 측정 125
8. 국가별 혁신의 순위 131
9. 요약 및 결론 132

참고문헌 134

제3장
자기 주도적 변혁의 리더십

1. 변혁적 리더십의 전제 147
2. 변혁적 리더십 관련문제 174
3. 변혁의 단계(과정)와 리더십 177
4. 변화와 혁신의 내적 리더십 팀 190
5. 요약 및 결론 193

참고문헌 195

변화와 혁신의 리더십

제1장
리더십(Leadership)

1. 리더십의 이해
2. 리더십에 대한 역사적 견해
3. 리더십 이론
4. 요약 및 결론

1. 리더십의 이해

리더십이란 학자들의 공통적인 정의에 의하면 어떤 조직의 공통된 목적달성을 위하여 개인이나 조직원들에게 영향을 미치는 활동을 말한다. 리더십은 개인이나 조직이 다른 개인, 팀 또는 전체 조직을 "지도" 또는 지도할 수 있는 능력을 포괄하는 연구 분야이자 실용적인 기술이다. 리더십(Leadership)은 한글로 번역하면 지도력(指導力)으로 표현된다.

손 정(2020)[1]에 따르면, 리더십이란 사람을 리드한다(이끈다)는 의미다. 리드(lead)는 고대 영어인 leden 또는 loedan이 어원이다. leden은 안내하다는 뜻이다. 고대영어 leden의 어원은 라틴어 ducere이다. ducere는 끌다라는 의미이다. 따라서 영어의 의미로 본다면 리더십이란 다른 사람을 안내하고 이끄는 행위가 된다. 동사 lead에서 나온 명사 리더 leader는 이미 1300년경에 사용되기 시작했고 리더십 leadership은 1800년대부터 사용되기 시작했다. 앞에서 살펴본 바와 같이 리드(lead)라는 말은 안내하다(to make go, to guide, to show the way)를 의미한다. 이러한 어원에서 알 수 있듯이 지위(position)가 리더십을 결정하는 것은 아니다. 물론 높은 지위에 있는 자가 리더가 되는 경우도 있지만, 리더십에서 지위란 그다지 큰 의미를 지니지 못한다. 진정한 리더십은 누군가에 의해 주어지거나 지명되는 게 아니라 영향력에 의해 획득되어야 하는 것이다.

리더십에 관한 문헌은 리더십에 대한 동양과 서양의 접근법, 그리고 또한 서양의 접근법 중에서는 미국에 대조되는 유럽의 접근법 등 다양한 관점에 대한 논의가 있다. Chemers(1997)[2]와 Chin(2005)[3]에 의하면 미국의 연구에서는 리더십을 "사람이 공통 과제를 달성하고자 할 때 다른 사람의 도움과 지원을 받을 수 있는 사회적 영향력의 과정"으로 정의한다.

지도력에 대한 연구는 여러 가지가 있지만 그중에서도 특성(traits),[4] 상황적 상호작용, 기능, 행동,[5] 권력, 비전 및 가치,[6] 카리스마 및 지능과 관련된 이론이 대표적인 것들이다.

2. 리더십에 대한 역사적 견해

1) 왕도정치

Xuezhi, G. (2019)에 의하면, 정치적 지도력 또는 리더십에 있어서, 하늘의 명령(천명 : 天命)을 따른다는 중국의 교리는 통치자가 정당하게 통치할 필요성과 동시에 하늘의 명령이 없는(신성 부재) 것으로 보이는 황제들을 전복시킬 수 있는 부하들의 권리를 부여한다.[7]

〈심화연구 1〉 왕도정치

"맹자는 자신이 이상으로 추구하는 정치형태를 왕도(王道)정치라고 명명했다. 왕도정치는 덕(德)에 의한 정치이다. 그래서 왕도정치는 덕치(德治)라고도 표현되며, 가장 대표적인 덕이 백성을 피붙이처럼 사랑하는 인(仁)이라는 점에서 인정(仁政)이라고도 표현된다. 맹자는 왕도정치를, "무력을 사용하면서 인(仁)을 실천하는 것처럼 가장하는" 패도(霸道)정치와 대비시켰다. 춘추시대의 패자들은 실제로는 무력으로 다른 제후들을 정복함으로써 천하를 통일했는데, 그들은 주왕실의 명목만은 존중하면서 근왕(勤王)의 기치를 내걸었다.

즉 무력정치임을 노골적으로 드러내지 않고 주 왕실의 뜻에 따르는 정치를 하고 있다고 표방했다. 그러나 그들은 무력에 의해 사람들을 제압했고, 사람들은 자신의 힘이 부족했기 때문에 그들에게 복종했을 뿐 마음으로 복종한 것은 아니었다. 맹자는 공자의 제자들이 공자가 두려워서가 아니라 공자를 사랑하고 존경했기 때문에 자발적인 마음에서 복종했듯이, 왕도정치는 백성들이 왕에게 진심에서 복종하는 제도라고 설명했다. 왕도정치를 시행하는 군주는 백성을 내 자식 사랑하듯이 사랑하며, 그 백성은 부모를 따르듯이 혹은 존경하는 선생을 따르듯이 그 군주를 따른다. 맹자가 말했다. "무력을 사용하면서 인(仁)을 실천하는 것처럼 가장하는 사람은 패자(覇者)인데, 패자는 반드시 큰 나라가 있어야 한다. 덕으로써 인을 실행하는 자는 왕자(王者)이다. 왕자는 큰 나라를 필요로 하지 않는다. 탕(湯)왕은 사방 칠십 리의 땅으로 인을 실천했고 문(文)왕은 사방 백리의 땅으로 인을 실천했다. 무력으로 사람을 복종시킨다면 사람들은 진심으로 복종하는 것이 아니라 다만 자기 힘이 부족하기 때문에 복종하는 것일 뿐이다. 덕으로 사람을 복종시킨다면 진심으로 기뻐하며 진정으로 복종한다. 마치 공자의 칠십 명의 제자들이 공자에게 복종했듯이 복종한다. 『시경』에 '서쪽에서 그리고 동쪽에서, 남쪽에서 그리고 북쪽에서 모두 복종하고자 하는구나'라고 한 것은 바로 그것을 묘사한 것이다."

패도정치를 시행하는 사람은 힘에 의해 다른 제후들을 제압해야 하므로 반드시 큰 나라가 필요하다. 그러나 왕도정치를 시행하는 사람은 큰 나라를 필요로 하지 않는다. 물론 왕도정치 역시 당시의 분열상태를 통일하여 전쟁상태를 종식시킨다는 전망을 갖는 것이었다. 맹자가 전망하기에, 군주가 자기 자식을 돌보는 마음으로 백성들을 사랑해서 잘 보살피고 굶주리지 않게 한다면 천하의 백성들은 모두 그 군주 밑으로 모여들 것이었다. 다른 군주들이 땅을 넓히기 위해서 백성들의 목숨을 전쟁터에서 소모하고 있는 당시에, 만약 부모의 마음으로 백성들을 보호하고 인간답게 살게 해준다면 천하의 어느 백성이 그 군주의 백성이 되고자 하지 않겠는가 하는 것이 맹자의 주장이었다.

그렇게 "어진 마음으로 정치를 한다면, 천하의 벼슬하는 자들은 모두 왕의 조정에서 벼슬하기를 바랄 것이고, 농사짓는 자들은 모두 왕의 들판에서 농사 짓기를 바랄 것이며, 장사꾼들은 모두 왕의 시장에 물건을 쌓고 팔기를 원할 것이고, 여행하는 자들은 모두 왕의 나라 길을 통해 가기를 바랄 것이며, 자기 군주를 원망하는 모든 백성들이 모두 왕에게 달려와 하소연하고 싶어 할 것"이며, 누구도 그 추세를 막을 수 없을 것이라고 맹자는 주장했다. 이처럼, 왕도정치는 작은 나라를 가지고 시작할 수 있으며, 결과적으로는 천하의 모든 사람을 백성으로 만들 수 있다고 전망했다. 즉 맹자는 덕에 의해 천하를 통일할 수 있다고 자신했다. 왕도정치의 정의 (맹자, 해제, 2004. 이혜경)."[8]

2) 귀족정치

Gupta 같은 친 귀족 사상가[9]는 리더십이 자신의 "푸른 피(Blue Blood, 귀족의 혈통)" 또는 유전자에 달려 있다고 생각했다.[10] 군주제 옹호자들도 극단적으로 같은 생각을 가지고, 신성한 힘을 불러냄으로써 단순한 귀족의 주장에 반대하는 주장을 제기할 수 있었다. 다른 한편으로, 보다 민주적으로 기울어진 이론가들은 경력부터 재능까지 개방된 나폴레옹과 같은 업적중심주의적(Meritocratic)인 지도자들의 예를 들었다.[11]

〈심화연구 2〉 귀족제(aristocracy, 貴族制)

귀족제는 귀족정치(貴族政治)와 같은 뜻이다. 귀족제는 엄밀한 의미에서 세습적(世襲的)·신분적(身分的) 특권계층에 의한 지배를 뜻하지만, 넓은 뜻으로는 지배자의 수직측면에서 볼 때, 군주제와 민주제에 대하여 소수가 지배하는 정치체제를 뜻한다.

플라톤은 도덕적으로나 지적으로 뛰어난 소수의 지자(知者)에 의하여 지배되는 법치국가를 귀족제라고 하고, 소수의 금권(金權)을 잡은 부호들에 의하여 지배되는 불완전하고 불공정한 국가를 과두제(寡頭制)라고 하여 구분을 하였다. 이러한 생각을 일보 전진시킨 아리스토텔레스는 일반복지를 위하여 통치하는 입헌적 국가를 군주제·귀족제·온건한 민주제의 3가지로 구분하고, 전제적 국가를 참주제(僭主制)·과두제·과격한 민주제의 3가지로 구분하였다.

이들은 철인왕(哲人王)이 지배하는 군주제를 이상적인 정치형태로 보았으나 실현가능한 범위에서의 최상의 국가로서 귀족제를 들었다. 특히, 혼합체제에 있어서 귀족제는 가장 중요한 구성요소로 간주되었다. 귀족제에 대한 이런 평가는 근대초까지 계속되었다.

미국독립혁명과 프랑스혁명 등의 시민혁명을 겪으면서 근대사회가 자유와 평등을 정치이념으로 삼게 되자 이론적 근거를 잃었으나 귀족정치가 가진 정치적 안정성은 여전히 많은 사람들에게 그 가치를 인정받았다. 미국의 T.제퍼슨이 주장한 자연적 귀족제는 귀족의 자격요건을 '혈통'에서 '천부의 재능'으로 옮김으로써 귀족제의 가치를 근대사회에 소생시켜 보려는 시도였다고 하겠다. (aristocracy, 貴族制, 두산백과)

〈심화연구 2-1〉 메리토크라시(meritocracy)

메리토크라시(meritocracy)는 출신이나 가문 등이 아닌 능력이나 실적, 즉 메리트(merit)에 따라서 지위나 보수가 결정되는 사회체제를 말한다. 메리트가 교육의 성과로서 나타나는 바가 크기 때문에 교육의 역할을 정당화하기 위한 중요한 개념이 된다. 영국의 사회학자 M.영이 만든 용어로 실력주의·업적주의 등으로 번역된다. 그의 저서인 《The Rise of the Meritocracy》(1958)에서 영국이 세습제 귀족정치 사회로부터 사회적으로 증명된 실력이 지배하는 사회로 이행(移

行)하는 모습을 가상적으로 묘사하였는데, 거기에서는 IQ 플러스 노력이 메리트로 간주되었다. 만하임도 개인의 사회적 지위결정 요인이 혈통원리에서 재산원리를 거쳐 업적원리로 이행해 가는 것을 설명한 바 있다. 또한 다렌도르프는 《용자(勇者)의 사회》에서 '재산 사회'는 '업적 사회'로 이행하고, '업적 사회'는 궁극적으로 '교육 사회'로 전화(轉化)한다고 기술하였다. 또 R.H.터너는 사회이동을 '비호이동(庇護移動)'과 '경쟁이동'으로 분류하였는데, 후자는 메리토크라시에 의한 사회적 지위의 결정을 의미한다. 메리토크라시와 연관된 용어로 디그리오크라시(degreeocracy)가 있는데 이는 교육의 결과로 주어지는 학위가 사회적 지위결정에서 중시되는 경향을 말하는 것으로 학위주의(學位主義) 등으로 번역된다. 교육의 형식적인 성과만이 사회적으로 높이 평가되는 상황을 지적한 것이다. (두산백과)

3) 독재 정치

Singh, & Rani(2017)[12]에 따르면, 독재적 및 가부장적 사상의 계열에서 전통(고전)주의자들은 로마 왕가의 리더십의 역할을 강조한다. 반면에 페미니즘적(Feministic) 사고를 가진 자들은 가부장제(patriarchal)와 같은 모델에 반대하고 감정적으로 조율되고 반응적이며 합의적인 공감적 지도를 제시하였으며 이러한 접근은 종종 모계제도(matriarchies)와 관련이 있었다.

〈심화연구 3〉 독재(獨裁, dictatorship)

독재(獨裁, dictatorship) 또는 독재정(獨裁政)은 일인 또는 일정한 집단에 권력을 강압적으로 집중시키거나 일부를 배척하면서 지배하는 권위적인 정치를 말한다. 독재의 뜻은 "홀로(獨) 재단(裁)한다"는 뜻으로서 "일인, 또는 일정한 집단"(獨)이 마음대로 가위질하듯 지배한다는 뜻이 담겨 있다. 독재 정치는 개인이 행하는 일인 독재, 군인들이 행하는 군사 독재, 민간인이 행하는 문민 독재, 그리고 민중 등 계급이 행하는 계급 독재(프롤레타리아 독재), 다수가 행하는 대중 독재가 있다. 또한 국민의 지지를 얻지 못하는 독재, 국민 다수에 의한 독재 그리고 국민 대중의 지지를 받는 독재로 나뉠 수 있다.

Saxena(2009)[13]에 의하면 로마의 전통과 비교할 때, "올바른 생활"에 대한 유교의 견해는 남성이자 학자인 지도자와 그가 베푸는 자비로운 규칙에 대한 생각과 매우 관련이 깊으며, 이것은 효도(孝道 : filial duty)의 전통에 의해 뒷받침 된다.

> 리더십은 지능, 신뢰성, 인간성, 용기 및 훈련의 문제이다. … 지능에만 의존하면 반항이 생긴다. 인간성만 행사하면 유약하게 된다. 신뢰만 주장하면 어리석은 결과를 초래한다. 용기에만 의존하면 폭력이 생긴다. 엄한 명령에 의한 과도한 훈련과 엄격함은 잔인함을 초래한다. 사람이 적절한 기능을 가진 위 다섯 가지 미덕을 함께 가지고 있다면, 그때 그 사람은 리더가 될 수 있다. — 손자병법[14]

〈심화연구 4〉 손자병법(孫子兵法, The art of war)

춘추시대 제나라 출신의 천재 병법가(兵法家)이자 전략가인 손무(孫武)가 지은 대표적인 병법서(兵法書). 1편「시계(始計)」, 2편「작전(作戰)」, 3편「모공(謀攻)」, 4편「군형(軍形)」, 5편「병세(兵勢)」, 6편「허실(虛實)」, 7편「군쟁(軍爭)」, 8편「구변(九變)」, 9편「행군(行軍)」, 10편「지형(地形)」, 11편「구지(九地)」, 12편「화공(火攻)」, 13편「용간(用間)」 등 총 13편의 구성을 통해 군사(軍事) 운용의 기본적인 원칙으로부터 실전에 응용될 수 있는 변화무쌍한 전술에 이르기까지 풍부한 내용들을 심도 있게 다루어 오늘날까지도 중국 병가(兵家) 사상의 진수를 담은 책으로 널리 애독되고 있다.

지피지기백전백승(知彼知己百戰百勝)

《손자병법(孫子兵法)》의 〈모공편(謀攻篇)〉에 나오는 말로 '백 번 싸워 백 번 모두 이긴다'는 뜻이다. 비슷한 말로 '백 번 싸워 한 번도 지지 않는다'는 뜻의 '백전불패(百戰不敗)'나 '백 번 싸워도 한 번도 위태롭지 않다'는 뜻의 '백전불태(百戰不殆)'가 있다. 이 전술은 트럼프 대통령이 트윗터에 올려놓고 정치 전략에 즐겨 활용하였다 한다.

故曰：知彼知己，百戰不殆；不知彼而知己，一勝一負；不知彼，不知己，每戰必殆

Hence the saying : If you know the enemy and know yourself, you need not fear the result of a hundred battles. If you know yourself but not the enemy, for every victory gained you will also suffer a defeat. If you know neither the enemy nor yourself, you will succumb in every battle.

4) 군주론

16세기 초에 작성된 마키아벨리(Machiavelli)[15]의 군주론(The Prince)은 통치자(마키아벨리의 용어에서 "왕자" 또는 "폭군")에게 권력을 얻고 유지하기 위한 매뉴얼을 제공했다. 군주론《(君主論, 이탈리아어 : Il Principe [il ˈprintʃipe], 영어 : The Prince)》은 이탈리아의 외교관이자 정치철학자인 니콜로 마키아벨리가 저술한 16세기의 정치학 저술이다. 마키아벨리의 서한으로 추정컨데 De Principatibus(군주국에 관하여)라는 라틴어 제목의 한 소책자가 1513년에 이미 널리 읽히고 있었다고 한다. 그러나 인쇄본은 마키아벨리가 죽고 5년 뒤인 1532년까지 출간되지 못했다. 메디치 가의 교황 클레멘스 7세의 허락으로 출간될 수 있었는데, "그 훨씬 이전에, 사실상 필사본 군주론의 첫 등장 이래로 그의 저서에 관해 많은 논란이 일었다."[16]

○ 신생 군주국(1 ~ 2장) : 군주론은 앞으로 다루어질 주제를 서술, 공화적이건 전제적이건 모든 형태의 최고 정치 권력 조직체를 중립적으로 포괄하기 위하여 '국가(state)'라는 단어를 사용, 실질적으로 공화국 또한 많은 힘을 가졌으며 군주국의 한 유형이라고 간주

○ 복합 군주국(3 ~ 5장) : 전적으로 새롭게 생겼건 종래에 있던 군주국에 수족처럼 병합되었다는 의미로 복합 군주국을 의미

○ 종래의 군주국에 병합된 새로운 점령지(3장)

- 새로운 정복지에 정주하는 것, 혹은 식민지를 건설하는 것
- 점령한 지역의 약소 세력이 그들의 영향력을 증대시키지 않는 범주 내에서 마음껏 하도록 내버려 두는 것
- 강력한 세력을 진압하는 것
- 외세가 영향력을 얻지 못하도록 하는 것

전체적으로 봤을 때 마키아벨리는 신생 군주가 현재의 분규뿐만이 아니라 미래에 일어날지도 모르는 분규에 대해서도 고려해야 한다고 강조하였고 또한 시간은 이익은 물론 해악을 가져오기 때문에, 신생 군주는 "시간의 이익을 취하는 것"이 아니라 오히려 자신의 역량과 현명함에서 비롯되는 이익을 취해야 한다고 말했다.[17]

○ 정복된 왕국(4장)

정복된 왕국의 군주가 그의 제후들에 의존하는 통치 유형이 있다. 16세기 프랑스, 다시 말해 군주론이 쓰여 졌던 시기의 프랑스 왕국이 바로 그 예이다. 이러한 국가는 정복하기는 쉬우나 유지하기는 어렵다. 왕이 중심이 되는 국가일 경우에는, 정복하기는 어려우나 유지하기는 쉽다. 그 유지의 해법은 군주의 가문을 단절시켜 버리는 것이다. 마키아벨리는 그 사례로 알렉산드로스에게 정복한 다리우스 3세의 페르시아 제국을 들고 있는데, 그는 이러한 요점을 분명히 하기 위해 당대의 "투르크 왕국"(오

스만 제국)과 닮은 점을 발견할 수 있다고 하였다.[18]

○ 자신들의 법에 따르는 자유로운 국가를 다스리는 법(5장)

Gilbert(1938, 34)[19]는 이 장이 군주론 이전의 저술에서는 볼 수 없는 상당히 이례적인 장이라 언급하고 있다. Gilbert는 자유로운 공화국을 정복하는 논의의 필요성이 일부의 자유로운 공화국을 포함하여 이탈리아를 통일하려는 마키아벨리의 목표와 관련되어 있다고 추측하였다. 또한 그가 언급하기를, 어쨌든 이 장은 그러한 국가를 유지하는 것이 군주에게 있어서 대단히 어렵다는 것을 분명히 한다고 하였다. 마키아벨리는 세 가지 방법을 제시하였다(ibid).

- 로마인들이 카르타고를 멸망시킨 것과 같이, 그 나라를 파괴하라.
- 그 나라에 가서 직접 살아라.
- 그들 자신의 법대로 살게 내버려두되 괴뢰 정권을 세워라.

○ 전적으로 새로운 국가(6 ~ 9장)

○ 역량에 의한 점령지(6장)

군주론에서 마키아벨리가 논한 바람직한 정치적 행위의 종류는 당시 사람들에게는 충격적이었는데 그러한 부도덕함은 여전히 만만찮은 논의의 주제이다.[20] 비록 그것이 군주에게 압제하는 방법을 조언하지만, 마키아벨리는 일반적으로 자유로운 공화정을 원했다고 생각된다.[21] 몇몇 논평가들은 그가 지도자의 부도덕하고 죄악이 되는 행위를 수용하는 것을 그가 이탈리아의 끊임 없는 정치적 분쟁과 불안정한 정국의 시대에 살았다는 것, "개인의 욕구와 인민의 빈곤을 묵살할 뿐만 아니라 혁신, 진취성, (과학적)의문을 인과관계로 질식시키는(지금은 우리가 본성을 통제하는 것을 용인하는)", 중세 가톨릭의 '고전적 목적론'의 통제를 그가 완화시키는 것으로서 다수의 '행복, 평등, 그리고 자유'를 증대시켰음을 주장하며 옹호한다.[22]

Strauss(1958, 11)는 "만일 우리가 마키아벨리는 근본적으로 애국자 혹은 과학자라 인정해야만 할지라도, 우리는 그가 악의 교사라는 것을 부인할 수 없다."고 지적하였다.[23]

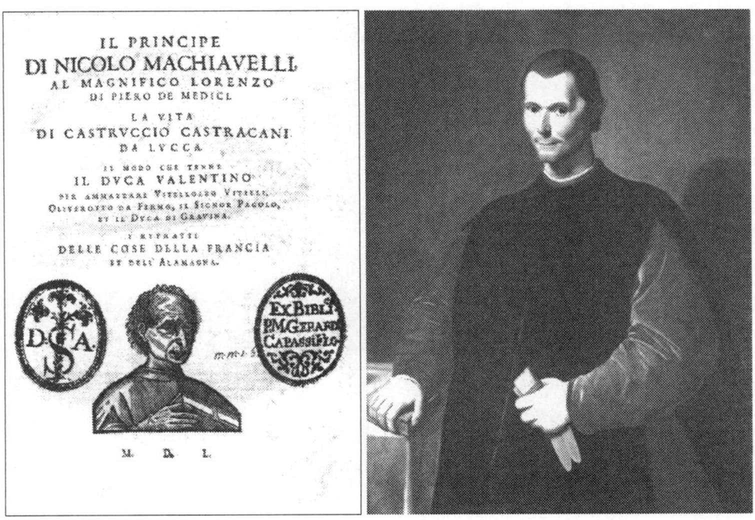

〈그림 1.1〉 1550년판 군주론의의 표지와 마키아벨리

〈심화연구 5〉 마키아벨리, 군주론

마키아벨리는『군주론』의 핵심을 이루는 제17장에서 이렇게 말했다. "사랑받는 것보다 두려움의 대상이 되는 편이 훨씬 안전하다. 그것은 인간에 대해 일반적으로 다음과 같은 말을 할 수 있기 때문이다." 그리고 이어진 문장이 바로 마키아벨리의『군주론』이 말하고 있는 핵심이며, 인간의 본성을 꿰뚫어 본 마키아벨리즘의 본질이다.

"원래 인간은 은혜도 모르고, 변덕이 심하며, 위선자인데다 뻔뻔스럽고, 신변의 위험을 피하려고만 하고, 물욕에 눈이 어두워지기 마련이다."

마키아벨리는 모든 인간은 악하다는 성악설性惡說을 받아들인 최초의 이탈리아인이다. 피렌체의 대문호 단테(Dante, 1265~1321년) 조차 인간의 영혼은 숭고한 천국으로 인도될 수 있는 가능성을 가진 선한 존재로 보았다. 메디치 가문의 주변에 모여든 15세기의 인문학자들과 예술가들은 인간의 선함을 재발견하려던 르네상스 시대의 성선설을 지지했다.

그러나 마키아벨리는 원래 인간이란 '은혜도 모르고, 변덕이 심하며, 위선자인데다 뻔뻔스럽고, 신변의 위험을 피하려고만 하고, 물욕에 눈이 어두워지기 마련'인 악한 존재로 보았다. 마키아벨리의 눈에 비친 체사레는 이런 변덕스럽고 이기적인 인간들에게 철퇴를 가함으로써 조직을 장악하고 이탈리아의 역사를 새롭게 써 가던 영웅의 새로운 모습을 보여 주었다. 선천적으로 악한 본성을 가진 인간들을 통제하는 것이 더 큰 혼란을 막는 방법이고, 이기적이며 위선적인 행동을 일삼는 인간들을 무력으로라도 통제하는 것이 더 큰 선(善)을 이루기 위한 지름길이라고 보았던 것이다.[24]

5) 무정부주의

무정부주의를 말하는 아나키즘(영어 : anarchism / ˈænərˌkɪzəm/, 프랑스어 : anarchisme 아나르시슴)은 사회를 아나키(무정부)의 상태로 만들려는 정치적 철학적 사상이며, 이러한 사상가는 아나키스트라고 한다. 아나키의 상태란 사회적, 경제적, 정치적 '지배자가 없는 상태'를 의미한다. 프루동은 그의 저서 《소유란 무엇인가》에서 아나키는 "주인과 군주의 부재"를 의미한다고 언급했다. 역사적으로는 고대의 공동체에서 비롯하여 갖가지 공동체나 고대의 철학, 사상에서도 연원을 찾아 볼 수 있으나, 근대에 이르러 자본주의와 권위주의의 폐해에 대한 반발로 공산주의, 사회주의와 함께 발흥하였으며, 펑크 문화 등과도 깊은 관련이 있다.

19세기 무정부주의 사상의 정교화는 리더십의 전체 개념을 문제로 보았다. 이러한 엘리트주의 거부에 대한 한 가지 해답이 레닌주의와 함께 나타난다. 레닌(1870-1924)은 엘리트로 훈련된 간부집단을 요구했다. 그들은 프롤레타리아의 독재를 존재하게 만들어서 사회주의 혁명의 선봉자 역할을 하게 된다.

민주주의(democracy)라는 용어는 고대 그리스어 dêmos(인민)과 krátos(힘)의 합성어 dēmokratía에서 나왔다. 이는 민주주의가 인민에 의한 지배를 의미함과 함께 모든 민주주의 체제의 공통적 근간임을 암시한다. 하나는 누가 의사결정에 참여하는 자인가, 그리고 나머지는 그 의사를 강제할 힘이다. 단순히 말해서 이는 시민권과 치안유지의 결합을 의미하며, 이 두 개가 결합하여 정부를 이룬다. 그러나 여기서 데모스 즉 시민은 결코 모든 사람을 의미 하지 않았으며 여성, 노예, 이민자, 재산 없는 남성을 포함한 인구의 80~90% 가량의 사람들은 데모스에서 배제되어 정치 권력을 갖지 못했다. 고대 그리스에서는 이 데모스와 크라토스라는 두 가지를 충족하지 못하는 상태를 ἀν-(無)와 ἀρχός(지배자, 통치자)가 합성된 고대 그리스어 아나르코스(ἄναρχος) 즉 아나키라고 불렀다. 이런 사실은 대중에게 다가가기 보다 순수한 아나키즘을 바라는 이들이 민주주의는 소수에 의한 것이든 다수에 의한 것이든 본질적으로 폭정이며, 아나키즘은 민주주의가 아니며 그 이상의 무엇인가를 의미한다고 주장하는 근거로써 사용되기도 한다. 프랑스의 개인주의적 아나키스트인 알베르 리베르타드(Albert Libertad)는 다음과 같이 언급 하기도 했다. "아나키스트는 투표하지 않는다. 그들은 지배하는 다수가 되길 바라지 않으며, 복종하는 소수가 되길 원하지도 않는다."[25]

무정부주의(無政府主義)라고도 불리지만, 아나키스트들은 이 용어가 아나키즘이 정부에 대해서만 반대한다는 인식을 불러일으킬 수 있다며 이런 표현을 사용하기 꺼려하기도 한다. 또한 반권위주의(Anti-authoritarianism) 역시 아나키즘을 이루는 요소 중 하나이기 때문에 아나키즘과 동의어가 될 수는 없다. 아나키를 말 그대로 해석 하면 지배하는 이가 없음을 의미하며, 지배자, 억압자는 정부, 국가, 자본일 수도, 종교, 도덕과 각종 도그마, 성, 인종, 나이일 수도 있다.[26]

6) 황제교황주의(Caesaro-papism)

리더십에 대한 다른 역사적 견해는 세속적 리더십과 종교적 리더십 사이의 대조를 다룬 것이 있다. 그것은 Caesaro-papism이라는 것인데, 이것은 속권(俗權)의 수장에 의한 국가 및 교회에 대한 지상권의 행사를 말한다. Caesaro-papism[27]의 교리는 되풀이되어 몇 세기에 걸쳐 비난을 받아왔다. 리더십에 대한 기독교인의 생각은 종종 신성한 계획에 따라 신성하게 마련된 자원들(인간과 물질)의 채택을 강조했다.

〈심화연구 6〉 황제교황주의(皇帝教皇主義, caesaropapism)

평신도 전제군주가 치하의 교회에 대해 최고의 지배권을 가지며 교의(教義)처럼 보통 교권으로 보류된 문제에까지도 이를 행사하는 체제를 말한다. 이 개념은 고대 로마 황제의 '최고의 제관'(pontifex maximus)으로서의 기능이 콘스탄티누스 대제에 기원하며 로마 황제에게 이식된 것으로 5세기 제논(Zenon) 황제 때 시작되어 유스티누스(Justinus) 2세 황제(재위 : 527~565) 때 전성기를 맞았다. 황제교황주의는 그 뒤 1천년간 비잔틴 제국의 제정일치의 통치원리가 되었는데, 특히 1054년 동방이교(東方離教) 직후 수세기간의 통치가 그 대표적인 예이다. 중세의 서부 유럽에서는 거의 문제시되지 않았는데 로마와 콘스탄티노플 사이의 분쟁은 상당한 부분이 이 통치 형식 때문이었다.

이상으로 리더십과 관련하여 몇 가지 역사적 현실을 살펴보았다. 이러한 리더십에 대한 역사적인 시각과 견해를 살펴보는 것은 오늘날 정치, 경제, 종교 등 여러 분야에서 리더십에 대한 생각을 이론화하고 과학적으로 또는 해석학적으로 일반화를 하거나 또는 다양한 유형의 리더십에 대한 해석학적 논의를 전개하는데 기여하였다.

3. 리더십 이론

1) 특성이론(Trait theory)

지도자의 특징이나 특성에 대한 탐색은 수세기 동안 계속되었다. 플라톤의 공화국(Plato's Republic)[28]에서 플루타르크 영웅전(Plutarch 's Lives)에 이르기까지 여러 철학적 저작에서 "리더로서 개인을 어떤 자질로 구별할 수 있는가?"를 탐색하였다. 이 탐색의 기본은 리더십의 중요성에 대한 초기 인식과[29] 리더십이 특정 개인의 특성에 뿌리를 둔다는 가정이었다. 리더십이 개별 속성에 기반을 둔다는 아이디어는 "리더십의 특성 이론"으로 알려져 있다.

전통적 군주, 영주, 주교의 전통적 권위가 약해지기 시작한 이후, 19세기에 수많은 연구들이 오랫동안 특성 이론을 탐구했다. 특히 토마스 칼라일(Thomas Carlyle)과 프랜시스 갈튼(Francis Galton)의 저술은 수십 년의 연구를 촉발했다. 칼라일은 영웅과 영웅 숭배(1841)에서 권력을 가진 남성의 재능, 기술 및 신체적 특성을 식별했다. Galton의 유전적 천재(1869)는 강력한 남성 가족의 리더십 자질을 조사했다. Galton은 자신의 연구 초점이 가까운 친척(1차 친척)에서 조금 먼 친척(2차 친척)으로 이동했을 때 저명한 친척의 수가 줄었다는 것을 보여준 후 리더십은 유전적으로 상속된다고 결론을 내렸다. 다시 말해, 지도자는 개발되지 않고 유전적으로 태어난 것이다. 이 두 가지 주목할 만한 연구 성과를 통해, 리더십은 지도자의 특성에 뿌리를 내리고 있다는 개념이 초기에 큰 지지를 받았다.

Cecil Rhodes(1853-1902)는 도덕적 성격의 힘과 지도자의 자질을 가진 젊은이들을 식별하고 옥스포드 대학교의 환경과 같은 상황에서 그들을 교육함으로써 대중성을 가진 그러한 리더십을 심화 발전시켜 키울 수 있다고 믿었다.

그러한 지도자들의 국제 네트워크는 국제적인 이해를 증진하고 "전쟁 불가능화"를 도울 수 있다. 이 리더십의 비전은 1903년 옥스퍼드대학교의 로즈 장학금의 창설 이래로 리더십 개념을 형성하는 데 도움이 되었다.[30]

Cecil John Rhodes 인적사항
1853.7.5. 영국 허트포샤이어 출생
1902.3.26. 48세 남아공 케이프 제국 사망
부친 Francis William Rhodes 경
모친 Louisa Peacock Rhodes
형제 Frank Rhodes(brother)
직업 상인, 정치가
교육 옥스퍼드대학교

〈그림 1.2〉 Cecil John Rhodes 인적사항

2) 대안적 이론의 등장

1940년대 후반과 1950년대 초, 리더십 연구에 대한 일련의 질적 검토(예 : Bird, 1940;[31] Stogdill, 1948;[32] Mann, 1959[33])는 연구자들에게 전적으로 다른 견해를 가진 리더십의 추진력에 대한 연구를 촉발하게 되었다.

현존하는 문헌을 검토한 결과 Stogdil과 Mann은 어떤 특성들은 여러 연구에서 공통된 점이 있었지만, 한 가지 상황에서 지도자인 사람들이 다른 상황에서는 필연적으로 반드시 지도자가 될 수는 없다는 전반적인 증거가 있음을 발견했다.

결과적으로 상황에 대한 접근 방식(아래의 대체 리더십 이론 참조)이 개인이 특정 상황에서는 효과적일 수 있지만 다른 상황에서는 효과적이지 않다는 결론에 따라 리더십은 더 이상 지속적인 개인의 특성으로 규정되지 않았다. 그리고 초점은 지도자의 특성에서 효과적인 지도자 행동에 대한 연구로 바뀌었다. 이 접근법은 향후 수십 년 동안 많은 리더십 이론과 연구를 지배하게 되었다.

3) 특성 이론의 재등장

리더십 연구에 대한 실용적인 접근법으로서 궁극적으로 특성 이론을 재정립할 영향력 있는 검토 후에 새로운 방법과 측정법이 개발되었다. 예를 들어, 연구자들이 라운드 로빈 연구 설계 방법론[34]을 개선함으로써 연구자들은 개인이 다양한 상황과 과제에서 리더로 활동할 수 있고 출현할 수 있음을 알 수 있었다.[35]

또한 1980년대 통계적 진보로 인해 연구원들은 메타 분석을 수행할 수 있었으며, 이를 통해 광범위한 연구 결과를 정량적으로 분석하고 요약할 수 있었다. 이러한 방법의 출현으로 특성 이론가들은 과거의 질적 검토에 의존하기보다는 이전의 리더십 연구에 대한 포괄적인 그림을 그릴 수 있었다. 새로운 방법을 갖춘 리더십 연구자들은 다음과 같은 사실을 밝혔다. 개인은 다양한 상황과 과제에서 지도자로 등장할 수 있고 또 나타날 수 있다.[36]

리더십 출현과 다음과 같은 개별 특성 사이에는 중요한 관계가 있다.

- 지능[37]
- 조정(ibid)
- 외향성(Extraversion)(ibid)
- 양심[38]
- 경험의 개방성
- 일반적인 자기 효능(General self-efficacy)

리더십의 특성 이론은 확실히 대중적 인기를 되찾았던 반면, 그것의 재등장은 정교한 개념적 틀에서 그에 상응하는 발전을 동반하지는 않았다.[39]

특히 Zaccaro(2007)는 특성 이론이

- 여전히, 인지 능력, 동기, 가치, 사회적 기술, 전문 지식 및 문제 해결 기술과 같은 5개의 큰 주요 성격 특성을 무시하고 성격 특성과 같은 작은 개별 속성에 중점을 둔다.
- 여러 속성의 패턴 또는 통합을 고려하지 못한다.
- 일반적으로 시간이 지남에 따라 변하지 않는 리더십 속성과 상황 영향에 의해 형성되고 이에 영향을 받는 속성을 구별하지 말아야 한다.
- 효과적인 리더의 속성이 효과적인 리더십에 필요한 행동 다양성을 설명하는 방법을 고려하지 말아야 한다. 고 주장한다.

〈심화연구 7〉 특성(Traits)

20세기의 대부분의 이론은 위대한 지도자는 만들어지는 게 아니라 타고난다고 주장한다. 현재의 연구에 따르면 리더십은 훨씬 더 복잡하며 개인의 몇 가지 주요 특성으로 요약될 수는 없다고 한다. 수년간의 관찰과 연구에 따르면 그러한 특성 중 하나 또는 몇 가지 특별한 특성을 가지고 있는 사람이 비범한 리더가 되지는 않았다. 학자들이 도달할 수 있었던 것은 개인의 리더십 특성이 상황에 따라 변하지 않는다는 것이다. 그러한 특성에는 지능, 주장, 신체적 매력이 포함된다. 그러나 각 핵심 특성은 상황에 따라 다르게 적용될 수 있어야 한다. 다음은 뉴 멕시코 주립대 학교(New Mexico State University)의 비즈니스 교수이자 Snapshots of Great Leadership의 저자인 Jon P. Howell의 연구에서 발견된 주요 리더십 특성을 요약한 내용이다.
결정과 추진을 하는데 있어서 주도권, 에너지, 주장, 인내 및 때로는 지배와 같은 특성이 포함된다. 이러한 특성을 가진 사람들은 종종 진심으로 목표를 추구하고 오랜 시간을 일하며 야심을 갖고 다른 사람들과 경쟁하기도 한다. 인지 능력에는 지능, 분석 및 언어 능력, 행동 유연성 및 올바른 판단력이 포함된다. 이러한 특성을 가진 개인은 어려운 문제에 대한 해결책을 공식화하고, 스트레스나 마감 시한에 잘 대처하고, 변화하는 상황에 적응하며, 미래를 위한 창의적인 계획을 만들 수 있다. Howell은 Steve Jobs와 Abraham Lincoln의 예를 통해, 인지 능력 뿐만 아니라 결정 및 추진력과 같은 특성을 보유하여 지속적으로 변화하는 환경에 적응할 수 있는 능력을 증명하였다.

자신감은 높은 자부심, 주장, 정서적 안정 및 자기 확신의 특성을 포함한다. 자신감이 있는 개인은 자신이나 자신의 능력과 결정을 의심하지 않는다. 또한 이 자신감을 다른 사람들에게 투영하여 신뢰와 헌신을 쌓을 수 있다. 성실은 진실하고, 신뢰할 수 있고, 원칙적이며, 일관성 있고, 의존할 수 있고, 충성스럽고 기만적이지 않은 개인에게 증명된다. 이 특성은 주로 윤리 문제이기 때문에 성실한 리더는 종종 이러한 가치를 추종자와 공유한다. 이런 유형의 지도자들은 종종 자신의 말을 지키고 정직하고 그의 조직원에게 개방적이라고 언급된다.

사교성은 친근하고 외향적이며 재치 있고 유연하며 대인 관계가 좋은 개인을 말한다. 이러한 특성은 지도자들이 대중에 의해 잘 받아들여지고, 외교적 조치를 사용하여 문제를 해결하고, 자신의 사회적 인물을 현재 상황에 적응시킬 수 있는 능력을 보유할 수 있게 한다. Howell에 따르면 테레사 수녀는 세계 지도자와 외교적 관계에서 성실, 주장, 사회적 능력을 구체화한 탁월한 사례라고 한다. 위에 열거된 모든 특성을 포괄하는 위대한 지도자는 거의 없지만 많은 조직이 자신의 조직이나 상황의 선두 주자로 성공하기 위해 여러 가지를 적용할 수 있다.

4) 속성 유형 접근(Attribute pattern approach)

위에서 설명한 형질 이론(the trait theory)에 대한 비판을 고려하여, 몇몇 연구자들은 리더의 개인차, 즉 리더 속성 패턴 접근법(the leader attribute pattern approach)이라는 다른 관점을 채택하기 시작했다.[40 41 42 43 44]

전통적인 접근법과는 달리, 리더 속성 패턴 접근법(the leader attribute pattern approach)은 개인 특성의 영향이 결과에 대한 개인의 영향을 개별 변수의 합계가 아니라 통합된 총체로 간주함으로써 가장 잘 이해된다는 이론가의 주장에 근거하고 있다.[45 46]

다시 말해서, 리더 속성 패턴 접근법(the leader attribute pattern approach)은 개별적 차이의 통합된 모음 또는 조합이 단일 속성 또는 다중 속성의 부가적인 조합에 의해 설명된 것 이상의 리더 출현 및 리더 효과 모두에서 실질적인 차이를 설명할 수 있다고 주장한다.

5) 행동과 스타일 이론(Behavioral and style theories)

특성 접근의 초기 비판에 대응하여 이론가들은 리더십을 일련의 행동으로 연구하고, 성공적인 지도자의 행동을 평가하고, 행동을 분류하여 결정하고, 광범위한 리더십 스타일을 식별하기 시작했다.[47] 예를 들어 David McClelland는 리더십이 잘 발달된 긍정적인 자존심이 강한 성격을 취한다고 주장했다. 리드하기 위해서는 자신감과 높은 자부심이 유용하며, 아마도 필수적일 수도 있다.[48]

〈심화연구 8〉 리더십 스타일

리더십 스타일은 방향을 제시하고 계획을 구현하며 사람들에게 동기를 부여하는 리더의 스타일이다. 이것은 리더의 철학, 성격 및 경험의 결과이다. 수사학(웅변술, 설득력) 전문가들은 또한 리더십을 이해하기 위한 모델을 개발했다.

다른 상황에서는 다른 리더십 스타일을 요한다. 합의할 시간이 거의 없고 지정된 기관이 다른 팀보다 훨씬 더 많은 경험이나 전문 지식을 가진 비상사태에서는 독재적 리더십 스타일이 가장 효과적일 수 있다. 그러나 동질적인 수준의 전문 지식을 갖춘 동기가 부여되고 조정된 팀에서는 보다 민주적이거나 Laissez-faire 스타일이 더 효과적일 수 있다.

채택된 스타일은 집단의 목표를 가장 효과적으로 달성하는 동시에 개별 구성원의 이익을 균형 있게 유지하는 스타일이어야 한다. 리더십 스타일이 강하게 주목을 받는 분야는 최근 군사 과학 분야인데, 최근 리더의 신체적 존재가 다른 사람들이 리더를 인식하는 방법을 결정하는 방법을 포함하여 리더십에 대한 전체적이고 통합된 견해를 표현한다.

신체적 존재의 요소는 군사적 자세, 신체적 건강, 자신감 및 활력이다. 리더의 지적 역량은 솔루션을 개념화하고 업무 수행에 필요한 지식을 얻는 데 도움이 된다. 리더의 개념적 능력은 민첩성, 판단, 혁신, 대인 관계 및 영역 지식을 적용한다. 지도자를 위한 영역(도메인) 지식은 전술적, 기술적 지식뿐만 아니라 문화적, 지리적 인식을 포함한다.

① 독재적 리더십 스타일

독재적 리더십 스타일 하에서, 모든 의사 결정력은 독재자인 리더에게 집중되어 있다. 독재 지도자는 부하 직원의 제안이나 창안을 반가워하지 않는다. 독재자의 경영은 관리자에게 강력한 동기 부여를 제공할 때 성공했다. 단 한 사람만 전체 그룹을 위해 결정하고, 그 결정을 그룹의 나머지 사람들과 공유해야 할 필요가 있다고 느낄 때까지 각 결정을 그가 유지하므로 빠른 의사 결정이 가능하다.

② 참여적, 민주적 리더십 스타일

민주적 리더십 스타일은 그룹 구성원의 이해를 증진하고 사회적 평등을 실천함으로써 그룹 구성원과 의사 결정 능력을 공유하는 지도자로 구성된다. 이것을 공유 리더십이라고도 한다.

③ 방임형 리더십스타일(Laissez-faire or free-rein leadership)

방임형 리더십에서 의사 결정은 하위 직원에게 전달된다. 부하 직원들에게는 목표를 설정하고 문제나 장애물을 해결하기 위한 결정을 내릴 수 있는 완전한 권리와 권한이 부여된다.

④ 과업 또는 관계지향 리더십 스타일

과업지향 리더십은 특정 생산 목표를 달성하기 위해 수행해야 하는 작업에 리더가 집중하는 스타일이다. 과업지향적 지도자는 일반적으로 주어진 문제 또는 목표에 대한 단계별 솔루션을 구축하는 데 더 관심을 기울이고, 이러한 기한을 지키고 결과를 달성하며 목표 결과에 도달하는 것을 엄격하게 보장한다. 관계 지향적 리더십은 리더가 그룹 간의 관계에 더 집중하고 일반적으로 그룹 구성원의 전반적인 복지와 만족에 더 관심이 있는 차별적인 스타일이다. 관계 지향적 지도자는 그룹 내 의사소통을 강조하고, 그룹 구성원에 대한 신뢰와 자신감을 보여 주며, 수행한 작업에 대한 감사를 표시한다. 과업 지향적 리더는 일반적으로 그룹 구성원들을 돌보아 준다는 아이디어에 대한 관심이 적고 생산 목표를 달성하기 위해 특정 솔루션을 얻는 데 더 관심이 있다. 이런 이유로, 과업지향적 리더는 일반적으로 마감일이 지났는지 확인할 수 있지만 그룹 구성원의 복지에 어려움을 겪을 수 있다. 관계 지향적 리더는 팀과 그 관계를 발전시키는 데 중점을 둔다. 이런 종류의 환경에 대한 긍정적인 점은 팀원에게 더 동기를 부여하고 지원한다는 것이다. 그러나 관계를 강조하면 생산성이 떨어질 수 있다.

⑤ 온정주의(Paternalism)적 리더십스타일

온정주의적 리더십 스타일은 종종 아버지 같이 신뢰할만한 리더의 생각을 반영한다. 팀의 구조는 리더가 추종자 위에 자리한 것으로 보이는 계층으로 구성된다. 지도자는 또한 회원들의 삶에서 전문적이고 개인적인 지도력을 제공한다. 종종 리더가 제시한 엄중한 지시에 따라 멤버가 선택할 수 있는 선택에 제한이 있는 경우가 있다. 부계(Paternalism)란 용어는 "아버지"를 의미하는 라틴어 pater에서 유래한 것이다. 지도자는 대부분 남자다. 이 리더십 스타일은 종종 러시아, 아프리카 및 아시아 태평양 사회에서 발견된다.

Kurt Lewin, Ronald Lipitt 및 Ralph White는 1939년 리더십 스타일과 성과의 영향에 대한 중요한 작업을 개발했다. 연구원들은 다른 유형의 작업 환경에서 11살 소년 그룹의 성과를 평가했다. 리더는 각각 독단적, 민주적 및 방임적(laissez-faire) 세 가지 스타일에 따라 그룹 의사 결정, 칭찬 및 비평(피드백), 그룹 작업 관리(프로젝트 관리)의 유형에 영향을 미쳤다.[49]

1945년 오하이오 주립 대학은 효과적인 지도자들이 보여준 관찰 가능한 행동을 조사한 연구를 수행했다. 그런 다음 이러한 특정 행동이 리더십 효과를 반영하는지 확인하였다. 그들은 발견한 것을 두 가지 식별 가능한 구분으로 좁힐 수 있었다. 첫 번째 차원은 "초기 구조"로 식별되는데, 이는 리더가 팔로워와 명확하고 정확하게 의사소통하는 방법을 설명하고 목표를 정의하며 작업 수행 방법을 결정하였다. 이를 "작업 지향(Task oriented)" 행동으로 간주한다. 두 번째 차원은 "고려(Consideration, 숙려, 熟慮)"로, 추종자와의 대인 관계를 구축하여 상호 신뢰의 형식을 수립하는 리더의 능력을 나타낸다. 이것들은 "사회 지향적" 행동(social oriented behaviors)으로 간주된다.

1950년대에 실시된 미시간 주립 연구는 행동과 지도력의 효과는 양(정, positively)의 상관관계가 있다는 추가 조사와 발견을 하였다.

그들은 오하이오 주 연구와 유사한 결과를 얻었지만, 참여적 행동(하인 리더십, servant leadership) 또는 추종자들이 그룹 의사 결정에 참여하고 하위 의견을 장려할 수 있도록 하는 리더에서 확인되는 추가적 행동의 발견에 기여했다. 이를 위해서 통제적 유형의 리더십을 피하고 지도자와 부하 직원 사이에 보다 개인적인 상호 작용이 가능하게 하였다.

관리 그리드 모델(The managerial grid model)은 행동 이론을 기반으로 한다. 이 모델은 1964년 Robert Blake와 Jane Mouton에 의해 개발되었으며, 사람들에 대한 지도자의 관심과 목표 달성에 대한 그들의 관심에 기초하여 다섯 가지 리더십 스타일을 제안한다.[50]

긍정적 강화

Skinner는 행동 수정의 아버지로 불리며 긍정적 강화(Positive reinforcement) 개념을 개발했다. 긍정적 강화는 행동에 대한 반응으로 긍정적인 자극이 나타날 때 발생하여 미래에 그 행동의 가능성을 높인다.[51]

다음은 비즈니스 환경에서 긍정적 강화를 사용하는 방법의 예이다. 칭찬은 특정 직원에게 긍정적인 강화라고 가정한다. 이 직원은 매일 정시에 출근하지 않았다. 이 직원의 관리자는 직원이 실제로 매일 정시에 출근한 직원을 칭찬하기로 결정한다. 결과적으로, 직원은 칭찬받기를 좋아하기 때문에 더 자주 정시에 출근하게 된다. 이 사례에서, 칭찬(자극)은 직원이 정시에 출근한 것에 대해 칭찬을 받은 후 정시에 출근(행동)되기 때문에 이 직원에게 긍정적인 강화제다.

긍정적인 강화의 사용은 지도자들이 부하 직원으로부터 원하는 행동의 동기를 부여하고 목표를 달성하기 위해 사용하는 성공적이고 성장을 돕는 기술이다. Frito-Lay, 3M, Goodrich, Michigan Bell 및 Emery Air Freight와 같은 조직은 모두 생산성을 높이기 위해 긍정적 강화를

사용했다.[52]

지난 20년간의 실증 연구에 따르면 강화 이론은 연구 성과를 17% 증가시켰다. 또한 칭찬의 사용과 같은 많은 강화 기술은 저렴하여 더 낮은 비용으로 더 높은 성과를 제공하였다.

6) 상황적 및 우발적 리더십 이론 (situational and contingency theory)

상황 이론은 또한 리더십 특성 이론에 대한 반응으로 나타났다. 사회 과학자들은 칼라일(Carlyle, T.)[53]이 제안한 것처럼 역사는 위대한 사람들의 개입의 결과 이상이라고 주장했다.

허버트 스펜서(1884)(및 칼 마르크스)는 시대가 사람을 만들지만 다른 방식으로 만들지는 않는다고 말했다.[54] 이 이론은 다른 상황이 다른 특성을 요구한다고 가정한다. 이 이론 그룹에 따르면, 리더에게 유일한 최적의 심리적 프로필은 존재하지 않는다.

이 이론에 따르면, 개인이 지도자로서 행동할 때 실제로 하는 일은 대체로 그가 활동하는 상황의 특성에 달려있다는 것이다.[55]

일부 이론가들은 특성이론과 상황적 접근법을 종합하기 시작했다. Lewin 등의 연구를 바탕으로, 학계는 3가지 리더십 스타일을 정의하고 각 스타일이 더 잘 작동하는 상황을 식별하면서 리더십 환경에 대한 기술적 모델을 규범화하기 시작했다.

예를 들어 권위주의적 리더십 스타일은 위기의 시기에 용인되었지만 일상적인 관리에서 추종자들의 “감성과 지성”을 얻지 못하였다. 합의 구축이 필요한 상황에서는 민주적 리더십 스타일이 더 적합하다. 마지막으로, 방임적(laissez-faire) 리더십 스타일은 그것이 제공하는 자유의 정도에 대해 높이 평가되지만, 지도자들이 “책임”을 지지 않기 때문에, 장기적이거나 곤란한 조직 문제에서 실패로 인식될 수 있다.[56]

따라서 이론가들은 상황에 따라 리더십의 스타일을 정의했으며, 그것은 때로는 우발성 이론(contingency leadership theories)으로 분류되기도 한다. 최근 몇 년 동안 세 가지 우발성 리더십 이론이 두드러지게 나타난다. 즉 그것은 피들러 우발성 모델, Vroom-Yetton 의사 결정 모델 및 경로 목표 이론이 그것이다.

Fiedler 우발 사태 모델은 Fred Fiedler가 상황적 우발 사태라고 칭하는 것에 대한 리더의 효과를 기반으로 한다. 이는 리더십 스타일과 상황에 따른 호의(후에 상황 통제라 칭함)의 상호 작용에서 비롯된다. 이 이론은 두 가지 유형의 리더를 정의했다. 그룹과 좋은 관계를 발전시켜서 과제를 수행하는 경향이 있는 사람들(관계 지향)과 과제 자체를 수행하는 것을 주요 관심사로 하는 사람들(과제 지향)이 그것이다.

Fiedler에 따르면 이상적인 리더는 없다. 직무 중심 및 관계 중심 지도자는 둘다 리더십 지향이 상황에 맞는 경우 효과적일 수 있다. 좋은 리더-멤버 관계, 높이 구조화된 작업 및 높은 리더 지위 권한이 있는 경우 상황은 “선호하는 상황”으로 간주된다. Fiedler는 직무 중심의 리더는 극도로 우호적이거나 비우호적인 상황에서 더 효과적이며, 반면에 관계 지향적 리더는 중간정도의 우호적인 상황에서 가장 잘 수행된다는 것을 발견했다.

Victor Vroom은 Phillip Yetton(1973)[57] 및 이후 Arthur Jago(1988)[58]와 협력하여 리더십 상황을 설명하기 위한 분류법을 개발했으며, 이는 어떤 상황이 어떤 리더십이 더 적합한지 정의하면서 리더십 스타일이 상황 변수와 연결된 규범적 결정 모델에 사용되었다.[59]

이 접근 방식은 동일한 관리자가 각 상황의 특성에 따라 다른 그룹 의사 결정 접근 방식에 의존할 수 있다는 아이디어를 지원했기 때문에 참신했다. 이 모델은 나중에 상황 우발 이론(situational contingency theory)으로 불렸다.

경로 목표 리더십 이론은 Robert House(1971)에 의해 개발되었으며 Victor Vroom의 기대 이론을 기반으로 한다. House에 따르면, 이론의 본질은 리더가 효과적으로, 하급자를 보상하고 하급자 만족과 개인 및 작업 단위성과를 향상시키는 방식으로 하급 직원의 환경과 능력을 보완하는 행동에 참여한다는 메타 제안이라고 한다.[60]

이 이론은 환경 요소와 추종자 특성에 따라 성과 지향, 지시, 참여 및 지지 등 4가지 리더 행동을 확인한다. 피들러 우발 사태 모델과는 달리, 경로 목표 모델은 네 가지 리더십 행동이 유동적이며 상황에 따라 리더가 네 가지 중 하나를 채택할 수 있다고 명시하고 있다.

경로 목표 모델은 상황에 따라 우발성 이론으로, 그리고 이론이 리더와 추종자 사이의 상호 호혜적 행동을 강조하기 때문에 거래적 리더십 이론(a transactional leadership theory)으로 분류할 수 있다.

7) 기능적 리더십 이론(Functional theory)

기능적 리더십 이론은 조직 또는 단위 효율성에 기여할 것으로 예상되는 특정 리더 행동을 다루는 데 특히 유용한 이론이다.

이 이론은 지도자의 주된 임무는 집단이 필요로 하는 것을 무엇이든 처리하는 것을 살피는 것이라고 주장한다. 따라서 지도자는 그룹의 효율성과 응집력에 기여했을 때 자신의 일을 잘 수행했다고 할 수 있다.

기능적 리더십 이론은 팀 리더십에 가장 많이 적용되었지만 더 큰 조직적 리더십에도 효과적으로 적용되었다.

기능적 리더십에 관한 문헌을 요약하면, 조직의 효과를 증진시킬 때 리더가 수행하는 5가지 광범위한 기능이 관찰되었다. 이러한 기능에는 환경 모니터링, 하위 활동 조직, 하위 직원 교육 및 코칭, 다른 사람의 동기 부여 및 그룹 작업에 적극적으로 참여하는 것이 포함된다.

다양한 리더십 행동이 이러한 기능을 촉진할 것으로 예상된다. Fleishman(1953)[61]은 리더의 행동을 식별하는 초기 작업에서 하위 직원이 고려(consideration) 및 시작 구조(initiating structure)라고 하는 두 가지 범주로 감독자의 행동을 지각한 것을 관찰했다.

고려(consideration)는 효과적인 관계를 육성하는 데 관련된 행동이 포함된다. 그러한 행동의 예로 부하 직원에 대한 우려를 표명하거나 다른 사람을 지지하는 방식으로 행동하는 것이 포함된다. 초기 구조(Initiating structure)는 과업의 완성에 특별히 초점을 맞춘 리더의 행동을 포함한다. 여기에는 역할의 명확화, 성과표준 설정 및 해당 표준에 대한 직원의 책임에 대한 설명이 포함된다.

8) 통합 심리이론
(Integrated psychological theory : 세 가지 수준의 리더십이론)

통합 심리적 리더십 이론은 각 이론의 한계를 다루고 새로운 요소를 도입하면서 리더의 리더십 존재 및 태도를 개발할 필요성을 제시하면서 기존 이론(특성, 행동 / 스타일, 상황 및 기능)의 장점을 통합하려는 시도를 한다. 그것은 또한 심리적 숙달을 실천함으로써 다른 사람들에 대한 태도와 행동 유연성에 또한 하인 리더십(servant leadership)과 진정한(인증된) 리더십의 철학을 적용하기 위한 토대를 제공한다.

제임스 스쿨러의 3 단계 리더십 모델(2011)이 출판된 후 통합 심리학 이론이 주목을 받기 시작했다.[62]

스쿨러는 오래된 이론들은 효과적으로 인도할 수 있는 능력을 개발하는 데 제한적인 도움만 제공한다고 주장했다.[63] 예를 들어 그는 다음과 같이 지적했다. 지도자는 태생이며 만들어지는 것이 아니라는 생각을 강화하는 경향이 있는 특성 이론은 우리가 지도자를 선택하는 데 도움이 될 수 있지만 지도자를 개발하는 데는 덜 유용하다.

이상적인 스타일(예 : Blake & Mouton의 팀 스타일)은 모든 상황에 적합한 것은 아니다. 대부분의 상황적/우발적 사태 및 기능적 이론은 지도자들이 다른 상황에 맞게 행동을 바꾸거나 의지에 따라 행동 범위를 넓힐 수 있다고 가정하는데, 실제로 많은 사람들은 무의식적 신념, 두려움 또는 뿌리 깊은 습관 때문에 그렇게 하기는 어렵다고 생각한다. 따라서 그는 지도자들이 내면의 심리학을 연구해야 할 필요가 있다고 주장한다.

옛 이론들 중 어느 것도 사람들의 관심을 끌고 영감을 주고 신뢰를 얻고 추종자들이 그들과 함께 일하기를 원하는 리더의 확실한 무엇인 “지도력(리더십) 존재” 개발의 과제를 성공적으로 해결하지 못했다.

스쿨러는 3단계 리더십 모델을 제안 했는데, 이 모델은 “통합 심리학”이론으로 분류되었다.[64] 본질적으로 그의 모델은 리더가 그룹이나 조직에 리더십을 가져다 줄뿐만 아니라 리더로서 자신들을 기술적으로나 심리적으로 발전하기 위해 리더들이 해야 할 일을 요약하는 것을 목표로 한다.

그의 모델에서 세 가지 수준은 공공, 민간 및 개인적 리더십이다.

앞의 두 가지–공공 및 민간 리더십–은 “외부” 또는 행동 수준이다. 이것들은 스쿨러가 “4차원 지도력”이라고 부르는 것을 다루는 행동이다.

이러한 차원은 다음과 같다.

① 공유된 동기부여가 된 집단의 목적

② 행동, 진행 및 결과

③ 집단적 통일 또는 팀 정신

④ 개인의 선택과 동기 부여

공공 리더십은 두 명 이상의 사람들에게 동시에 영향을 미치는 34가지 행동에 중점을 둔다. 개인 리더십은 개인에게 일대일로 영향을 미치는 데 필요한 14가지 행동을 다룬다.

세 번째-개인 리더십은 "내부" 수준이며 리더십의 존재, 노하우 및 기술 향상을 향한 개인의 성장과 관련이 있다. 개인의 리더십을 발휘하는 데는 다음과 같이 세 가지 측면이 있다.

① 기술적 노하우와 기술
② 타인에 대한 올바른 태도 개발, 이것은 하인(servant) 리더십의 기초다.
③ 심리적 자기 관리－진정한 리더십의 기초

Scouller(2011)는 자기 지배가 리더십 존재를 키우고 추종자와의 신뢰 관계를 구축하며 제한적인 신념과 습관을 해소함으로써 상황 변화에 따라 행동의 유연성을 가능하게 하는 동시에 핵심 가치와의 연결성을 유지하는(즉, 진정성을 유지하면서) 핵심이라고 주장했다. 지도자의 발전을 지원하기 위해, 그는 인간 정신의 새로운 모델을 소개하고 마음을 챙기는 명상 연습을 포함하는 자기 통제의 원리와 기술을 설명했다.

9) 거래(업무)적 및 변형적 리더십이론 (Transactional and transformational theories)

Bernard Bass와 동료들은 서로 다른 두 가지 리더십 유형에 대한 아이디어를 개발했다. 이는 직원에 대한 관심, 지적 자극 및 집단의 비전 제공에 기반하여 보상과 전환을 노동과 교환하는 거래(업무)적 리더십에 대한 것이다.[65 66]

거래적 리더(Burns, 1978)[67]는 특정 업무를 수행하고 팀의 성과를 보상하거나 처벌할 수 있는 권한을 부여 받는다. 그것은 관리자에게 그룹을 이끌 기회를 제공하고 그룹은 다른 것을 대신하여 미리 정해진 목표를 달성하기 위해 자신의 리더를 따르기로 동의한다. 생산성이 원하는 수준에 미치지 못하면 부하 직원을 평가, 조정 및 교육하고 예상 결과에 도달하면 효율성을 보상할 수 있는 힘이 리더에게 제공된다.

10) 리더-구성원 교환이론(leader-member exchange theory)

이 이론은 리더십 프로세스의 특정 측면을 다루는 LMX(Leader-member Exchange 리더-멤버 교환이론) 이론이다. 이 이론은 VDL(vertical dyad linkage 수직적 양자관계이론) 모델이라는 초기 이론에서 발전했다.[68]

이 두 모델 모두 리더와 개인 추종자 간의 상호 작용에 중점을 둔다. 거래적 접근 방식과 유사하게, 이 상호 작용은 공정한 교환으로 간주되어 리더가 작업 지침, 조언, 지원 또는 상당한 보상과 같은 특정 혜택을 제공하고 추종자는 과업과 표준성과를 약속하고 리더에게 작업에 대한 존중, 협력 및 헌신을 제공함으로써 추종자는 호혜적으로 혜택을 받는다.

그러나 LMX는 지도자와 개인 추종자들이 그들 사이에서 전개하는 교환 유형에 따라 다를 것이라는 점을 인식하고 있다.[69] LMX는 리더와 특정 추종자 간의 교환 유형이 그룹 내 및 그룹 외에서 만들어질 수 있다고 이론화한다. 그룹 내 구성원은 리더와 양질의 교환을 하는 반면 그룹 외 구성원은 리더와 낮은 수준의 교환을 한다.[70]

○ 집단 내 구성원과 교환 시

집단 내 구성원은 리더가 다른 추종자보다 더 경험이 많고 유능하며 책임감이 있는 것으로 인식된다. 지도자는 특히 어려운 과제에 도움을 주기 위해 이러한 개인에 의존하기 시작한다. 추종자가 잘 응답하면 리더는 추가 코칭, 유리한 직무 할당 및 발전적 경험으로 보상한다. 추종자가 높은 헌신과 노력에 이어 추가 보상을 받는 경우, 양 당사자는 서로의 신뢰, 영향력 및 지원을 발전시킨다.

연구 결과에 따르면 그룹 내 구성원은 일반적으로 그룹 외부 구성원보다 리더로 부터 더 높은 성능 평가, 더 높은 만족도 및 더 빠른 프로모션을 받는다.[71] 그룹 내 구성원도 동일한 사회적 배경과 관심사를 공유함으로써 리더와 더 강력한 유대를 형성할 수 있다.

○ 집단 외 구성원과 교환 시

그룹 외부 구성원은 종종 그룹 내부 구성원보다 시간과 원거리 교환이 더 적다. 그룹 외부의 구성원들과 함께, 지도자들은 공정한 임금 및 표준 혜택과 함께 적절한 직무 수행, 훌륭한 출석, 합리적인 존중 및 직무 설명 준수만을 기대할 수 있을 뿐이다.

리더는 그룹 외부 멤버와 시간을 덜 보내고 개발 경험이 적으며 리더 요청에 대한 준수를 얻기 위해 공식적인 권한을 강조하는 경향이 있다. 조사에 따르면 그룹 외부 구성원은 자신의 직무 및 조직에 대한 만족도가 낮고, 리더의 성과 평가가 낮으며, 리더가 덜 공정하다고 생각하며, 불만을 제기하거나 조직을 떠날 가능성이 더 높다.[72]

11) 감성적 리더십 이론(Emotions)

리더십은 특히 감정이 실린 과정으로 인식될 수 있으며 감정은 사회적 영향 과정과 관련이 있다.[73] 조직에서 리더의 기분은 그룹에 영향을 미친다. 이러한 효과는 세 가지 수준으로 설명할 수 있다.[74]

① 개별 그룹 구성원의 기분

긍정적인 분위기를 가진 지도자가 있는 그룹 구성원은 부정적인 기분을 가진 지도자를 가진 그룹 구성원보다 더 긍정적인 분위기를 경험한다. 지도자들은 정서적 전염의 메커니즘을 통해 자신의 기분을 다른 그룹 회원들에게 전달한다.[75] 기분 전염은 카리스마적 지도자가

추종자들에게 영향을 미치는 심리적 메커니즘 중 하나일 수 있다.[76]

② 그룹의 정서적인 음색

그룹의 정서적 톤(음색)은 그룹 내에서 일관된 또는 균질적인 정서적 반응을 나타낸다. 그룹의 정서적 톤은 그룹의 개별 구성원의 기분의 집합이며 그룹 수준의 분석에서 기분을 나타낸다. 긍정적인 기분을 가진 지도자가 있는 그룹은 부정적인 기분을 가진 지도자를 가진 그룹보다 더 긍정적인 정서적 음색을 가지고 있다.[77]

③ 조정, 노력의 표출 및 작업 전략과 같은 그룹 프로세스

분위기에 대한 대중의 표현은 그룹 구성원이 생각하고 행동하는 방식에 영향을 미친다. 사람들은 기분을 경험하고 표현할 때 다른 사람들에게 신호를 보낸다. 지도자들은 분위기 표현을 통해 목표, 의도 및 태도를 알린다. 예를 들어, 지도자들의 긍정적인 분위기 표현은 지도자들이 목표를 향한 진전이 양호하다고 생각하는 것이다. 그룹 구성원은 그룹 프로세스에 반영되는 방식으로 이러한 신호에 대해 인지적 및 행동으로 반응한다(ibid).

고객 서비스에 대한 연구에서 리더에 의한 긍정적인 분위기 표현이 그룹의 성과를 향상시키는 것으로 나타났지만, 다른 분야에서는 다른 결과가 있었다.[78] 리더의 기분을 넘어서, 리더의 행동은 직장에서 직원의 긍정적이고 부정적인 감정의 원천이다. 지도자는 정서적 반응으로 이어지는 상황과 사건을 만든다. 직원과의 상호 작용 중에 표시되는

특정 리더 행동이 이러한 정서적 이벤트의 소스다. 리더는 직장의 정서적 행사를 형성한다. 예를 들면－피드백 제공, 작업 할당, 자원 분배 등이 그것이다. 직원의 행동과 생산성은 정서적 상태에 직접적인 영향을 받기 때문에 조직 리더에 대한 직원의 정서적 반응을 고려해야 한다.[79] 자신과 타인의 기분과 감정을 이해하고 관리할 수 있는 감성 지능은 조직 내의 효과적인 리더십에 기여한다.[80]

4. 요약 및 결론

역사적으로 지도력은 자연적으로 생성되고 발전되어 온 통치나 지도에 관련된 배경을 가지고 1900년 초부터 심리학과 행동과학의 발전에 힘입어 과학적인 발전을 가져왔다. 다양한 이론은 이론가들의 주장에 의하면 각각 장단점이 있고 또한 주어진 환경에 따라 어쩔 수 없이 선택할 수 밖에 없는 상황에서 선택하게 되는 리더의 스타일이 있다. 문제는 아무리 이론적으로 완벽하고 훌륭한 지도력의 개념이 있다고 할지라도 만일 그것이 조직구성원들로부터 배척당하고 영향을 줄 수 없다면 더 이상 이상적인 리더십이라고 할 수 없을 것이다. 그러므로 리더십은 상황과 개인의 능력에 맞게 잘 조율된 리더 개인의 자기주도적인 판단에 따라 창의적으로 이루어져야 한다고 보인다. 그러므로 여러 이론의 장단점을 학습함에 의하여 리더가 조직에 변화와 혁신을 줄 수 있는 리더의 지도역량을 만들어가야 하는 과제가 있다. 다음 장에서는 변화와 혁신에 대한 연구를 중심으로 학습논의를 전개한다. 조직의 변화와 혁신을 가져오는 것은 여러 요인 있지만 변화유발자로서 촉진자로서 리더의 역할이 클 것이다. 그런데 변화와 혁신은 무엇이며 어떻게 만들어가야 하는 것인지를 잘 알기 위하여 변화와 혁신의 본질을 잘 파악하는 것이 중요하다.

≪연구문제≫

1. 현대사회에서 필요한 리더십은 어떤 것인지를 토의해보자.
2. 이번 장에서 논의한 리더십 이외에 다른 형태의 리더십을 찾아보자.
3. 당신이 대기업 후계자로 상속된 경우 어떤 지도력을 발휘할 것인가?
4. 당신이 자신 있게 소개할 수 있는 리더십 스타일이 있다면 무엇인가?
5. 당신이 가장 따르고 싶은 리더의 스타일이나 특성은 무엇인가?
6. 당신이 현재 대통령이라면 개혁하고 싶은 분야와 채택할 리더십은?

참고문헌

1) https: //blog.naver.com/sjraintree/221762696712.
2) Chemers, M. (1997). An integrative theory of leadership. Lawrence Erlbaum Associates, Publishers.
3) Chin, R.(2015). Examining teamwork and leadership in the fields of public administration, leadership, and management. Team Performance Management. 21 (3/4), 199-216. doi: 10.1108/TPM-07-2014-0037.
4) Kirkpatrick, Shelley A.; Locke, Edwin A. (1991). Leadership : Do traits matter?
5) Goldsmith, M.(2016). Leaders Make Values Visible, http: //www.designtoolbox.co.uk/strategies/leaders-make-values-visible.
6) Richards, D., & Engle, S. (1986). After the vision : Suggestions to corporate visionaries and vision champions. In J. D. Adams (Ed.), Transforming leadership. Alexandria. Englewood cliffs, NJ : Prentive Hall.
7) Xuezhi, G. (2019). Traditional Political Thought and Imperial Legacy. The Politics of the Core Leader in China : Culture, Institution, Legitimacy, and Power. Cambridge : Cambridge University Press. p. 139.
8) 이혜경(2004). 맹자, 철학사상, 별책 제3권 제2호. 서울대학교철학사상연구소.
9) Gupta, A. K. (1991). Emerging Pattern of Political Leadership : A Case Study of Punjab. New Delhi : Mittal Publications. p. 12.
10) Marstiller, J. K. & Jennifer, F.(2005). The Power to Innovate : Rewiring the Minds of Individuals and Organizations. Bloomington, Indiana : AuthorHouse. p. 169.
11) Cano, P.E, & Librado, F. (2010). Transformation Of An Individual Family Community Nation And The World. Trafford Publishing. p. 134.
12) Singh, R. & Rani, A. (2017). Human Behaviour. Notion Press.
13) Saxena, P.K. (2009). Principles of Management, A Modern Approach. New Delhi : Global India Publications PVT LTD. p. 30.
14) Sun Tzu,(1988). The Art of War. Translated by Thomas Cleary. Boston : Shambhala Dragon Editions.
15) Niccolò Machiavelli(1469.5.3. ~ 1527.6.21.). 이탈리아의 통일과 번영을 꿈꾸며 새로운 정치사상을 모색한 정치사상가인 니콜로 마키아벨리는 1513-1532년 사이에 군주론을 쓰고 출간하였다. 그것은 피렌체의 권력자 로렌조 메디치에게 헌정되었고, 마키아벨리의 능력을 선보임으로써 메디치에게 발탁되기 위한 목적으로 씌어졌다고 여겨졌다. 그 '목적'은 이뤄지지 않았고, 마키아벨리는 불우

하게 살다가 갔다. 그러나 이후 이 책은 수없이 읽히고, 해석되고, 반박되고, 숭배되었다. 그리고 역사를 바꾸었다. [www.naver.com 지식백과]

16) Bireley, Robert (1990). 《The Counter Reformation Prince》.
17) 니콜로 마키아벨리 (2015). 《군주론》. 번역 강정인, 김경희 번역 제4판. 까치.
18) ibid.
19) Gilbert, Allan (1938), 《Machiavelli's Prince and Its Forerunners》, Duke University Press.
20) Fischer, Markus (2000), 《Well-ordered License : On the Unity of Machiavelli's Thought》, Lexington Book.
21) Strauss, Leo (1958), 《Thoughts on Machiavelli》, University of Chicago Press.
22) Fischer, Markus (2000), 《Well-ordered License : On the Unity of Machiavelli's Thought》, Lexington Book.
23) Strauss(1958, 54~55).
24) 김상근.(2013). 마키아벨리 : 세상에서 가장 위험한 현자. 21세기북스.
25) https: //theanarchistlibrary.org/library/albert-libertad-the-cult-of-carrion-and-other-texts(2020.1.13 위 키피디아에서 재인용).
26) 구승회 외.(22004: 21~23), 한국 아나키즘 100년. 이학사.
27) Caesaro-papism : 황제 교황주의《(1) 속권(俗權)의 수장에 의한 국가 및 교회에 대한 지상권의 행사(보유). (2) 교권에 대한 속권 우위의 정체》.
28) Plato (1892). The Dialogues of Plato translated into English with Analyses and Introductions by B. Jowett, M.A. Oxford University Press.
29) Network, Jules Evans for the Guardian Professional (2012-05-04). "What can business leaders learn from ancient philosophers?". the Guardian.
30) Markwell, D. (2013). "Instincts to Lead" : On Leadership, Peace, and Education, Connor Court: Australia.
31) Bird, C. (1940). Social Psychology. New York : Appleton-Century.
32) Stogdill, R. M. (1948). "Personal factors associated with leadership : A survey of the literature". Journal of Psychology. 25 : 35-71. doi: 10.1080/00223980.1948.9917362.
33) Mann, R. D. (1959). "A review of the relationship between personality and performance in small groups". Psychological Bulletin. 56 (4) : 241-270. doi: 10.1037/h0044587.
34) 라운드 로빈 프로그램은 분산 분석(ANOVA) 랜덤 효과 모델을 사용하여 측정 시스템을 평가하는 측정 시스템 분석 기술이다. 실험 방법론에서 라운드 로빈 테스트는 여러 번 독립적으로 수행되는 실험실 간 테스트(측정, 분석 또는 실

험)다. 여기에는 여러 독립적인 과학자들이 서로 다른 장비 또는 다양한 방법과 장비에서 동일한 방법을 사용하여 테스트를 수행할 수 있다. 실제로, 예를 들어 샘플이 분석되거나 그 특성 중 하나(또는 그 이상)가 다른 방법으로 다른 실험실에서 측정하거나 동일한 구성의 다른 장비 단위로 측정하는 경우가 종종 있다.

35) Kenny, D. A.; Zaccaro, S. J. (1983). "An estimate of variance due to traits in leadership". Journal of Applied Psychology. 68 (4) : 678-685. doi: 10.1037/0021-9010.68.4.678.

36) Kenny, D. A.; Zaccaro, S. J. (1983).

37) Lord, R. G.; De Vader, C. L.; Alliger, G. M. (1986). "A meta-analysis of the relation between personality traits and leader perceptions : An application of validity generalization procedures". Journal of Applied Psychology. 71 (3) : 402-410. doi: 10.1037/0021-9010.71.3.402.

38) Arvey, R. D.; Rotundo, M.; Johnson, W.; Zhang, Z.; McGue, M. (2006). "The determinants of leadership role occupancy : Genetic and personality factors". The Leadership Quarterly. 17 : 1-20.

Judge, T. A.; Bono, J. E.; Ilies, R.; Gerhardt, M. W. (2002). "Personality and leadership : A qualitative and quantitative review". Journal of Applied Psychology. 87 (4) : 765-780. doi: 10.1037/0021-9010.87.4.765.

Tagger, S.; Hackett, R.; Saha, S. (1999). "Leadership emergence in autonomous work teams : Antecedents and outcomes". Personnel Psychology. 52 (4) : 899-926.

39) Zaccaro, S. J. (2007). "Trait-based perspectives of leadership". American Psychologist. 62 (1) : 6-16. CiteSeerX 10.1.1.475.9808. doi: 10.1037/0003-066x.62.1.6.

40) Foti, R. J.; Hauenstein, N. M. A. (2007). "Pattern and variable approaches in leadership emergence and effectiveness". Journal of Applied Psychology. 92 (2) : 347-355. doi: 10.1037/0021-9010.92.2.347.

41) Zaccaro, S. J., Gulick, L. M. V. & Khare, V. P. (2008). "Personality and leadership". In C. J. Hoyt, G. R. Goethals & D. R. Forsyth (Eds.), Leadership at the crossroads (Vol 1) (pp. 13-29). Westport, Connecticut : Praeger.

42) Gershenoff, A. G.; Foti, R. J. (2003). "Leader emergence and gender roles in all-female groups : A contextual examination". Small Group Research. 34 (2) : 170-196. doi: 10.1177/1046496402250429.

43) Mumford, M. D.; Zaccaro, S. J.; Harding, F. D.; Jacobs, T. O.; Fleishman, E. A. (2000). "Leadership skills for a changing world solving complex social problems".

The Leadership Quarterly. 11 : 11-35. doi: 10.1016/s1048-9843(99)00041-7.

44) Smith, J. A.; Foti, R. J. (1998). "A pattern approach to the study of leader emergence". Leadership Quarterly. 9 (2) : 147-160. doi: 10.1016/s1048-9843(98)90002-9.

45) Mumford, M. D.; Zaccaro, S. J.; Harding, F. D.; Jacobs, T. O.; Fleishman, E. A. (2000). "Leadership skills for a changing world solving complex social problems". The Leadership Quarterly. 11 : 11-35. doi: 10.1016/s1048-9843(99)00041-7.

46) Magnusson, D. (1995). "Holistic interactionism : A perspective for research on personality development". In L. A. Pervin & O. P. John (Eds.), Handbook of personality : Theory and research (pp. 219-247). New York : Guilford Press.

47) Spillane, James P.; Halverson, Richard; Diamond, John B. (2004). "Towards a theory of leadership practice". Journal of Curriculum Studies. 36 (1) : 3-34. doi: 10.1080/0022027032000106726.

48) Horton, T.(1992). The CEO Paradox. New York: Amacom.

49) Lewin, Kurt; Lippitt, Ronald; White, Ralph (1939). "Patterns of aggressive behavior in experimentally created social climates". The Journal of Social Psychology : 271-301.

50) Blake, R.; Mouton, J. (1964). The Managerial Grid : The Key to Leadership Excellence. Houston : Gulf Publishing Co.

51) Miltenberger, R. G., (2004). Behavior Modification Principles and Procedures (3rd ed). Belmont, California : Wadsworth/Thomson Learning.

52) Lussier, R. N., & Achua, C. F., (2010). Leadership, Theory, Application, & Skill Development.(4th ed). Mason, Ohio : South-Western Cengage Learning.

53) 영국의 평론가 · 사상가 · 역사가; 1795-1881.

54) Spencer, H. (1841). The Study of Sociology. New York : D. A. Appleton.

55) Hemphill, J. K. (1949). Situational Factors in Leadership. Columbus : Ohio State University Bureau of Educational Research.

56) Wormer, V.; Katherine S.; Besthorn, F. H. & Keefe, T. (2007). Human Behavior and the Social Environment : Macro Level : Groups, Communities, and Organizations. US : Oxford University Press.

57) Vroom, V. H. & Yetton, P. W. (1973). Leadership and Decision-Making. Pittsburgh : University of Pittsburgh Press.

58) Vroom, V. H. & Jago, A. G. (1988). The New Leadership : Managing Participation in Organizations. Englewood Cliffs, New Jersey : Prentice-Hall.

59) Vroom, V. & Sternberg, R. J. (2002). Theoretical Letters : The person versus

the situation in leadership". Leadership. 13 (3) : 301-323. doi: 10.1016/S1048-9843(02)00101-7.

60) House, R. J. (1996). "Path-goal theory of leadership : Lessons, legacy, and a reformulated theory". Leadership Quarterly. 7 (3) : 323-352. doi: 10.1016/S1048-9843(96)90024-7.

61) Fleishman, E. A. (1953). The Description of Supervisory Behavior. Journal of Applied Psychology, 37, 181-210. http: //dx.doi.org/10.1037/h0056314.

62) Scouller, J. (2011). The Three Levels of Leadership : How to Develop Your Leadership Presence, Knowhow and Skill. Cirencester : Management Books 2000.

63) ibid.

64) http: //www.businessballs.com/leadership-theories.htm#integrated-psychological-leadership.

65) Bass, B. M.; Avolio, B. J.; Atwater, L. E. (1996). "The transformational and transactional leadership of men and women". Applied Psychology : An International Review. 45 : 5-34.

66) Bass, B. M., & Riggio, R. E. (2006). Transformational leadership (2nd ed.). Mahwah, New Jersey : Lawrence Erlbaum Associates Publishers; US.

67) Burns, J. M. (1978). Leadership. New York : Harper and Row Publishers Inc.

68) Dansereau, F.; Graen, G.; Haga, W. J. (1975). "A vertical dyad linkage approach to leadership within formal organizations : A longitudinal investigation of the role making process". Organizational Behavior and Human Performance. 13 (1) : 46-78. doi: 10.1016/0030-5073(75)90005-7.

69) Howell, Jon P. (2012). Snapshots of Great Leadership. London, GBR : Taylor and Francis. pp. 16-17.

70) Howell, Jon P. (2012). Snapshots of Great Leadership. London, GBR : Taylor and Francis. p. 17.

71) ibid.

72) ibid., 16-17.

73) George, J. M. (2000). "Emotions and leadership : The role of emotional intelligence". Human Relations. 53 (8) : 1027-1055. doi: 10.1177/0018726700538001.

74) Sy, T.; Cote, S.; Saavedra, R. (2005). "The contagious leader : Impact of the leader's mood on the mood of group members, group affective tone, and group processes". Journal of Applied Psychology. 90 (2) : 295-305.

75) ibid.

76) Bono, J. E.; Ilies, R. (2006). “Charisma, positive emotions and mood contagion”. The Leadership Quarterly. 17 (4) : 317-334. doi: 10.1016/j.leaqua.2006.04.008.

77) Sy, T.; Cote, S.; Saavedra, R. (2005). “The contagious leader : Impact of the leader's mood on the mood of group members, group affective tone, and group processes”. Journal of Applied Psychology. 90 (2) : 295-305.

78) George J. M. 2006. “Leader Positive Mood and Group Performance : The Case of Customer Service”. Journal of Applied Social Psychology 25(9) : pp. 778-794.

79) Dasborough, M. T. (2006). “Cognitive asymmetry in employee emotional reactions to leadership behaviors”. The Leadership Quarterly. 17 (2) : 163-178.

80) George J. M. 2006. “Leader Positive Mood and Group Performance : The Case of Customer Service”. Journal of Applied Social Psychology 25(9) : pp. 778-794.

제2장
변화(Change)와 혁신(Innovation)

1. 변화의 이해
2. 변화와 혁신
3. 변화에 대한 연구
4. 변화관리
5. 혁신의 의미
6. 혁신의 확산
7. 혁신의 측정
8. 국가별 혁신의 순위
9. 요약 및 결론

1. 변화(Change)의 이해

변화(Change)라는 용어는 그 자체로 매우 중립적인 개념이다. 어느 나라나 대통령선거 때마다 후보가 들고 나오는 이슈는 변화에 관한 것이다. 중립적인 용어로 변화는 어떤 존재나 개념의 차이를 말한다. 여기 섭씨 10도의 물이 있는데 열을 가하여 1도만 차이가 나도 변화가 일어났다고 말한다. 물리적 변화나 정신적 느낌의 차이에서도 마찬가지다. 헤어스타일을 바꾸고 나서 변화를 좀 주었다고들 말한다.

동양고전에서 변화에 관한 책은 주역(周易)이다. 서방의 영어권 국가 도서관에 가서 이 책을 찾아보면 "변화에 관한 책(The book of change)"이라고 번역이 되어 있다. 이 세상의 만물을 살펴보면 항상 같은 존재는 없다. 공기 중의 원소 밀도는 계속 변화하고 기류가 일어나고 생물체의 혈관을 도는 혈액의 성분도 1초 전과 후가 다 같지는 않다. 주역은 그야말로 끊임없이 변화하는 세상과 우주에서 인간이 생존하고자 하는 지혜를 찾는 도구였다. 음양을 기초로 오행을 펼쳐 8괘와 64괘로 발전하여 오랜 세월동안 미래를 예측하는 기술이자 철학 내지는 동양의 과학으로 존재해왔다. 이 책은 0.1초도 가만히 정체되어 있지 않고 변하는 인간을 포함한 우주만물의 변화에 대한 책이다. 이 같이 변화라는 것은 우리의 일생동안 같이하는 당연한 것으로 변화(change)가 뭐냐고 묻거나 자세한 낱말 풀이를 해놓은 책이 없는 것을 보면 변화는 너무나 당연한 것이다. 그러나 우리는 이 당연한 변화를 잘 인식하지 못하면서 살고 있는 것 같다.

토인비는 역사를 일컬어 도전에 대한 응전이라고 하였다. 비가 오면 우산을 받치듯 어떤 변화가 오면 우리는 그에 대해 본능적으로 생존을 위한 대응을 하게 마련이다. 처음에는 약한 보슬비가 내리다가 시간이 지나면서 소나기가 올 때 우산을 펴지 않고 있는 사람은 결국 다 젖게 된다.

그런데 요즘 말하는 4차 산업 혁명과 같이 거대한 새로운 문명의 변화가 올 때 가만히 있는 사람은 도태되고 이 변화를 감지하고 적극적으로 대응하는 사람은 적응적으로 발전을 하거나 최소한 시대에 뒤쳐지는 도태는 면할 수 있을 것이다. 개인을 떠나 기업이나 국가가 이러한 세상의 큰 변화를 감지하고 대응을 잘할 경우에는 번영을 가져올 수 있는 반면, 변화에 둔감하면 역사 속으로 사라지게 된다.

〈그림 2.1〉 역사에서 사라진 잉카문명[1]

변화에 둔감하여 사라진 국가의 예를 들어보자.

"역사적으로도 일정기간 동안 정말 신비롭고, 뛰어난 문화를 갖고 있다 퇴화해 다른 문화에 녹아들거나, 어느 순간 갑자기 사라지기고 한다. 이 중 대표적으로 사라진 문화중의 하나가 페루 잉카제국의 맞추픽추다. 잉카제국은 15세기 제9대 황제 파차쿠티 시대에는 인구가 1100만 명이나 되었다고 한다. 비록 그 자체 문자가 없어 읽고 쓰지는 못했지만 의학, 식물학, 석조건축, 조각술, 수로건설 등 많은 분야에서 월등한 문화를 갖고 있었다. 이러한 잉카문명에서 가장 위대한 도시문화 유적인 마추픽추는 마추픽추(늙은 봉우리)와 와이어픽추(젊은 봉우리)라는 두 봉우리 사이에 있는 바위산을 깎아 만든 해발 2280m에 위치한 성곽도시다. 우루밤바강으로 둘러싸인 협곡지대의 꼭대기에 건설됐고, 아침저녁으로 안개가 껴 있어 산자락에서는 그 존재를 알 수 없어 종종 '잉카의 잃어버린 도시' '숨겨진 공중도시'라고 불린다. 마추픽추 유적은 약 13㎢의 면적에 1200여 명이 거주했을 것으로 추정된다. 테라스 형태의 계단식 밭으로 이뤄진 농업지역과 화강암으로 건설된 200여 개의 건물이 있는 거주 지역으로 나누어져 있다. 이 거주 지역은 다시 종교구역과 일반구역으로 나뉜다. 일반구역은 장방형의 공동마당을 가운데 두고 10채씩 무리로 지어진 2층집들로 좁은 골목으로 연결돼 있다. 공동마당에는 커다란 맷돌, 연료로 사용하는 라마의 배설물 저장고가 있다. 이 도시의 건설이유로 생각되어지는 종교구역은 이곳에서 가장 중요하게 인지될 수 있도록 했다. 자연석의 거대한 바위를 연마해 그 위에 세워진 반원형의 탑이 있는 태양신전, 3개의 성스러운 세계를 나타내는 3개의 창문이 있는 신전과 대신전 그리고 왕의 묘가 주 광장 둘레에 축조돼 있다. 또한 이 도시를 운영하기 위해 마추픽추 주변의 봉우리에서 흘러나오는 물을 끌어오기 위해 돌을 이용해 수로를 만들었다. 문자와 철기문화 그리고 수레바퀴가 없었음에도 불구하고 돌망치와 사다리, 지렛

대 등만을 이용해 현대에서도 구현하기 힘든 정교한 석조건축과 농업용수로, 도로 등을 건설했고 미라 제작술, 의술 그리고 식물학의 지식수준까지도 대단했다. 또한 산바람을 이용해 감자를 6년간 보관할 수 있는 자연냉장고를 개발하기도 했다. 이처럼 엄청난 경쟁력을 갖고 있었던 잉카제국은 신비롭기까지한 마추픽추를 왜 만들었고, 또 이 도시는 갑자기 사라졌을까? 일설에 의하면 잉카제국이 가장 번성했던 시대의 황제 파차쿠티의 명으로 건설됐다고 한다. 이 황제는 자신이 잠들 무덤으로써 성전을 건축하고, 그곳에 사후에도 생전과 다름없이 자신에게 봉사할 많은 사람들이 살게 한 것으로 보인다. 그러나 15세기 많은 우수한 능력과 광할한 면적을 지배했던 잉카인들은 읽고 쓰지 못하는 약점과 지배계층을 위한 철저한 계급사회 등의 문제점으로 인해 우리의 우수한 음식문화 중 일부가 기술적인 발전과 현대인의 시간적인 제약에 적응하지 못한 것처럼, 세상의 변화와 외부 침략에 대처하지 못하고 멸망했다."[2]

두 종류의 변화

변화에 대하여 논지를 전개할 때 두 가지 개념이 있다. 하나는 자연적인 변화이며 다른 하나는 계획적이고 의도적인 변화이다. 자연적인 변화는 그 변화에 적응하거나 대응을 통하여 생존해야 하는 수동적인 개념이 강한 반면, 의도적인 변화는 상당히 능동적이다. 계획된 변화란 어떤 이상적인 목표를 정하고 능동적으로 그 변화를 주도해 나가는 것을 말한다. 예를 들어 세종시의 행정수도를 스마트도시로 만들게 하기 위하여 각각의 분야에서 목표를 정하고 어느 시점까지 그러한 시스템을 설치하여 스마트도시로 만들어버리는 것이다. 또 다른 예는 어느 국가에 중학교 교사가 2,000명이 필요한 경우 대학에 해당 학과를 만들고 성적이 허용되는 학생을 선발하여 교육을 통하여 교사의 자질을 가진 학생을 교사자격을 가진 인재로 만들어버리는 것이다. 오늘날 경영과 행정일선에서 사용되는 변화란 거의 이러한 계획된 변화에 대한 논의가 일반적이다. 이러한 계획된 변화란 혁신이란 용어가 널리 사용되기 이전에 많이 사용되던 용어이나 오늘날은 변화와 혁신이 혼용되거나 혁신이란 용어가 더 많이 사용되고 있다. 혁신은 변화에 바람직한 가치가 개입된 변화를 의미한다. 계획된 변화도 보통 복지나 고수익 또는 고생산성을 가져오는 바람직한 변화를 계획하거나 목표로 하므로 큰 차이는 없다. 이 책의 제목에서 살펴보면 변화와 혁신의 리더십은 변화와 혁신을 가져오도록 지도력을 발휘하여 영향을 주는 것을 의미한다.

그러나 변화란 가치가 개입된 바람직한 변화인 혁신을 포함하는 것이므로 변화의 개념이 혁신보다 더 큰 범위를 가진다고 볼 수 있다.

2. 변화와 혁신(Innovation)

여기에 변화와 관련하여 구분해 보아야 할 용어가 하나 있다. 그것은 혁신이라는 용어다. 혁신(革新)은 잘못된 것, 부패한 것, 만족스럽지 못한 것 등을 개선하거나 고치는 것을 말한다. 즉, 묵은 관습, 조직, 방법 등을 적절하다고 생각하는 방법으로 새롭게 바꾸는 것을 말한다. 서비스 산업에서의 혁신도 이노베이션(Innovation)이라고 한다. 혁신은 자주 기술혁신이라는 용어와 혼용되어 사용된다. 기술혁신은 기존 시장 질서에 큰 영향을 줄 수 있는 새로운 제품/서비스 또는 공정과정으로 정의될 수 있다. 기술혁신에 관해서는 20세기 중반에 경제학을 중심으로 사회과학 분야에서 지속적인 연구가 진행됐다. 대표적인 학자로는 조지프 슘페터, 케네스 애로, Richard R. Nelson, 그리고 Nathan Rosenberg 등이 있다. 혁신은 1400년대부터 1600년대까지 초기 미국 정착기 이전에는 "혁신"이라는 개념은 반란 및 이단이라는 의미를 가졌다. 현대적 의미의 혁신은 "새로운 아이디어, 창의적 사고, 장치 또는 방법의 형태로 새로운 상상력"을 말한다. 즉 다음과 같은 것을 의미한다.

[1] 혁신은 종종 새로운 요구 사항, 명확한 요구 또는 기존 시장 요구를 충족시키는 더 나은 솔루션을 적용하는 것

[2] 혁신은 시장, 정부 및 사회가 이용할 수 있는 보다 효과적인 제

품, 프로세스, 서비스, 기술 또는 비즈니스 모델을 제공하는 것이며. 혁신은 독창적이고 더 효과적이며 결과적으로 시장이나 사회에 "침입"되는 새로운 것

[3] 혁신은 발명과 관련이 있지만, 발명과는 같지 않음

[4] 혁신은 시장이나 사회에 의미 있는 영향을 미치기 위해 발명의 실질적인 구현(즉, 새로운 / 개선된 능력)을 포함하는 경향이 있음

[5] 모든 혁신에 발명이 필요한 것은 아님

한국경제매거진(2006.9.14.)[3]은 혁신과 변화의 차이를 다음과 같이 말한다.

> "변화(Change)와 혁신(Innovation)은 무엇이 다른가 … 변화와 혁신은 전혀 다르다. 변화가 무엇인가를 새롭게 바꾸는 활동 전반을 뜻한다면 혁신은 여기에 플러스알파가 있다. 바로 가치(Value)다. 새로운 가치나 그런 가치를 창출하는 방법을 찾는 것이 경영에서 얘기되는 혁신이다."

한국경제매거진(2006.9.14.) 계속해서 다음과 같은 질문을 하고 답한다.

> "그러면 가치는 누가 결정하는가? 제조업자나 판매업자가 아니라 그것을 사려는 사람, 즉 고객이요 소비자다. 그러면 결국 혁신한다는 것은? 그러므로 혁신이란 개념은 소비자들이 가치 있다고 생각하는 상품이나 서비스를 찾아내는 '가치 창출 활동'으로 정의할 수 있다. 적어도 기업(공공기관 또는 자영업을 포함)에 취직을 생각하는 사람에

> 게 있어서 혁신이라는 것의 개념이 명확해졌고 우리도 혁신이라는 활동에 동참할 수 있다는 생각이 든다. 혁신이 가치 창출 활동이라는 것을 모르기 때문에, 또는 대충 알긴 하지만 그렇게 개념적으로 받아들이지 않고 그저 변화 정도로만 해석하기 때문에 많은 부작용이 발생한다. 사장은 '혁신만이 살길'이라고 외치지만 종업원들은 '군기잡기'가 시작됐다며 인상을 찌푸리는 풍경이 곳곳에서 나타나고 있다."
> (한경 2006.9.14.)

한경(2006)은 혁신이라는 개념이 우리 기업사회에서 잘못 이해되고 있는 이유를 설명한다.

첫째, 한자어로서의 혁신의 개념이 너무 강해 경영개념으로서의 혁신에 부정적 이미지를 준다. 혁신은 가죽(革)을 새롭게(新) 한다는 뜻을 갖고 있다. 가죽을 완전히 벗겨 새로운 살을 드러낸다고 해석할 수도 있고 기존에 덮여 있는 가죽을 새것으로 바꾼다는 의미도 된다. 어느 쪽이든 '혁신'을 당하는 쪽은 '살갗이 벗겨지는 고통'을 느끼게 되는 것이다.

둘째, 혁신을 구체제에 대한 개혁으로 오해하는 경향도 있다. 혁신을 하면 기존의 제품이나 프로세스는 모두 버려야 하는 것으로 사람들은 느낀다. 기존에 해 오던 방식을 버리고 새로 일을 해야 하는 만큼 귀찮아지고 비용도 더 드는 일로 여겨 혁신을 부정적으로 보게 되는 것이다.

셋째, 그동안 혁신이 고용조정 수단으로 악용된 측면이 많다는 점을 들 수 있다. 혁신을 명분으로 대량해고를 포함한 구조조정을 유행처럼 단행했고 그래서 직장인들은 혁신하면 임금삭감 등 허리띠 졸라매기를 먼저 떠올리는 습관이 생겼다.

혁신은 고객이 원하는 가치를 찾는 활동이므로 직원의 마인드를 고객을 먼저 생각하는 것으로 바꾸고, 고객을 놀라게 할 획기적인 상품을 만들 수 있도록 회사문화를 창의적으로 개선해 나가는 것이 혁신활동의 중심이 되어야 한다.

이런 점을 살펴보면 기업이나 공공기관이나 혁신은 필요하며 혁신에서 찾는 가치는 민주주의와 자본주의의 배경을 가진 공정한 열린사회[4]에서 바람직한 가치여야 하고 결국 리더십에서 변화(Change)라고 부르는 용어는 사실은 혁신과 같은 개념으로 이해를 하여야 한다. 참고로 열린사회란 무엇인가를 살펴보자.

"열린사회란 어떤 사회인가? 열린사회의 적들은 누구인가? 1938년 3월 히틀러가 오스트리아를 침공했을 때 오스트리아 출신 철학자 칼 포퍼[5]가 던진 질문이다. 전체주의의 광기가 전 세계를 유혈의 도가니로 만들고 있는 소용돌이에서 전체주의의 사상적 기초를 그 뿌리에서부터 철저히 탐구・비판하고, 참다운 자유민주주의의 가치를 논리적으로 증명해 보이는 작업의 결과가 바로 '열린사회와 그 적들'이다. 열린사회란 전체주의와 대립되는 개인주의 사회로 자유로운 비판과 토론의 기회가 최대한으로 보장되는 사회다. 그렇다면 열린사회의 적은 개인을 짓누르는 역사주의라 불리는 전체론, 역사적 법칙론, 유토피아주의에서 이론적 자양분을 공급받는 거대 이념체계가 된다."

다음 섹션에서 지난 사반세기에 미국에서 연구된 변화(Change)에 관한 연구를 살펴본다. 변화는 혁신과 혼용되고 있음을 알 수 있다.

3. 변화에 대한 연구

1) 변화에 대한 연구

인간행동의 변화에 대하여 로저스(Rogers, 1962)[6]는 500개의 문헌을 분석하여 개인들이 변화의 수용결정을 설명하는 '사회적 상호작용 모델'을 제시하였다. 사회적 상호작용모델은 개인들 간 의사소통을 연결하는데 필요한 확산(Diffusion)에 대한 개념을 강조하였다. 이 시기에는 변화에 대한 초기저항과 촉진요소에 대한 주제중심 연구가 확산되었다. 새로운 아이디어를 거부하거나 수용하는 것은 본질적으로 개인들 사정에 따라 특유한 사항이지만, 잠재적 수용자의 태도 변화를 증대시키고 저항을 최소화하는 전략이 탐색되었다.

같은 시기에 Hall & Loucks(1981)[7] 같은 학자들은 변화전문가에 의한 자문과 조언을 통하여 변화를 촉진하고자 하는 변화 전문가(Change Agent) 또는 촉진자(Facilitator)에 대한 연구를 하였다. 1970년대에 태동하여 1990년대 초까지 출현한 변화에 대한 연구의 주제는 '실행(Implementation)'에 관한 것이다. Loucks & Lieberman(1983)[8]에 따르면, 실행은 새로운 아이디어를 개인들이 실천하게 하는 것을 의미하는 것으로 90년대 초까지 수많은 연구물들이 산출되었지만 연구결과들은 서로 양립되지 않고 모순되는 것들이 많았다.

Carter(1986 : 33-34)[9]에 따르면 Fullan(1981),[10] Heck & Goldstein(1980)[11]은 실행과 관련하여 대비되는 2개의 접근을 확립하였는데 하나는 상대적으로 구조화된 접근이고 다른 하나는 상대적으로 비 구조화된 접근이다.

구조화된 접근은 변화는 바람직한 것이며 성공적 변화를 가져오는 것은 알 수 있고 실행과정을 지원하여 채택하도록 하여야 한다는 것이며, 비 구조화된 접근은 실행은 필연적으로 복잡하므로 기대되는 변화나 촉진에 한계를 두지 말아야 한다는 것이었다.

계획된 변화(Planned Change)라는 개념이 Chin(1967 : 323-333)[12]과 MacGuire(1970: 11)[13]에 의해 발표되었는데, 이것은 변화담당자와 변화대상자가 지식을 이용하여 문제해결이나 개선된 상태를 도모하는 의도적이고 협동적인 과정을 말하는 것이다. Chin & Benne(1969: 44-45)[14]은 혁신에 영향을 주는 주요접근을 3개로 구분했는데 ① 합리적 실증모델, ② 규범적 재교육적 모델, ③ 권력 지향적 모델이 그것이다.

① 합리적 실증모델은 인간은 새로운 혁신이 현재상태보다 우월한 것이라고 한다면 이를 수용하려고 하는 합리적 소비자라고 가정하는 낙관적 견해에 기반을 두고 있다. ② 규범적 재교육적 모델은 변화의 잠재적 수용자는 개인이 발견한 문제의 해결책을 찾기 위해 능동적으로 탐색활동을 하는 것을 가정한다. 이 접근은 새로운 기술이나 능력의 획득보다는 가치나 태도의 변화를 강조한다. ③ 권력 지향적 모델은 변화과정에 개인이나 집단에게 중요한 보상과 처벌로 통제하는 전략이다. 이 전략은 변화가 외적으로 부과될 때 유효한 방법으로 여겨졌다.

한편 Chin(1967: 323-333)[15]과 MacGuire(1970: 11)[16]가 주창한 지식을 이용한 변화모델은 연구개발 확산모델(Clarke and Guba 1965),[17] 사회적 상호작용 모델(Rogers and Shoemaker 1971),[18] 문제해결모델(Bennis *et al.* 1969),[19] 연계모델(Havelock 1973)[20] 등으로 발전하였다.

변화의 촉진자와 장벽의 연구도 수행되었는데, Glaser(1973: 439)[21]는 리더십, 외부압력, 외부정보, 추진의지, 유인체제, 구조의 재조직화, 공동관심사의 촉진, 충분한 자원과 내부적 열등성 제거 등 9개의 촉진요소를 언급한다.

Berman & McLaughlin(1980 : 57~57)[22]은 조직분위기와 리더십, 기관의 특성, 행정청의 경영능력과 지원 등 3가지를 들었다.

Zaltman *et al.*(1977: 26)[23]은 지식과 기술이 변화를 촉진하는 가장 중요한 것이라고 주장하였다. 한편 Zaltman *et al.*(1977 : 31-41), Lippit(1974),[24] Sarason(1971)[25]은 변화에 대한 장벽으로 3가지 요소를 들었는데, 문화적 장벽, 사회적 장벽 그리고 조직 및 심리적 장벽이 그것이다.

혁신에서 변화의 정도를 측정하는 모델에 대한 연구가 Revicki & Rubin(1981: 65-67),[26] Zaltman *et al.*(1977: 51-73) 등에 의해 검토되었는데 이들은 완전실행모델(Alkin 1961: 2-7),[27] 직접관찰 모델(Stallings 1975),[28] 승리모델(NIMH 1971),[29] 관심기반 수용모델(Hall *et al.* 1975 : 52-56),[30] 구조방정식 모델(Churchman 1979: 25-29),[31] 복합매트릭스 샘

플링과 반복 측정(Newfield 1980: 25-29),[32] 합리적 행동이론(Ajzen & Fishbein 1980) 등이 그것이다. 그 중에서 가장 최근 이론으로 알려진 이유있는 행동이론(합리적 행동)을 살펴보면 다음과 같다.

2) 이유있는 행동이론(Theory of Reasoned Action : TRA)

Fishbein & Ajzen(1975[33], Ajzen & Fishbein 1980[34])의 '합리적 행동이론(Theory of Reasoned Action : TRA)'에서 〈그림 2.2〉와 같이 개인의 의향은 행동에 영향을 준다고 주장한다.

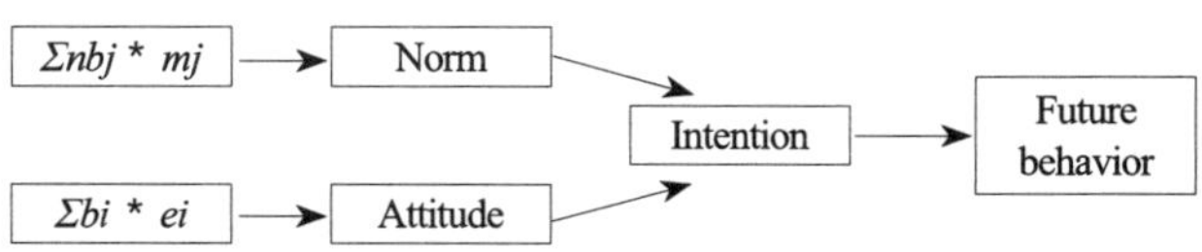

*Σnbj * mj* : sum of normative Belief * Motivation to comply(indirect norm)
*Σbi * ei* : sum of Belief * evaluation(indirect belief)

〈그림 2.2〉 이유 있는(합리적) 행동이론

개인의 미래의 행동(B)은 행동을 수행하는 의향 I(또는 의지)의 함수로 표시된다.

$$B \approx I \quad \cdots\cdots (1)$$

행동을 수행하는 근사치인 의향은 태도와 주관적 규범에 의하여 영향을 받는다. 태도는 개인이 가진 행동에 대한 긍정적 또는 부정적 평가의 정도로 전형적으로 양극단의 언어적 척도[35]로 측정된다.

주관적 규범은 한 개인이 문제시되는 행동을 수행하여야 하는지 혹은 수행하지 말아야 할지에 대한 다른 사람이 중요하게 생각하는 것에 대한 인식(Perception)을 의미한다.

이것은 전형적으로 “나에게 중요한 사람(아내 또는 친구)은 내가 행동강령을 준수해야 한다고 생각한다” 와 같은 문항에 의하여 측정된다. 이것을 공식으로 표현하면 다음과 같다.

$$I \approx A_{Bwi} + SN_{Bw2} \quad \cdots\cdots \quad (2)$$

where I is the intention to perform behavior B, SN_B is the subjective norm concerning behavior B, and W_1 and W_2 are weights for A_B and SN_B respectively.

Eagly & Chaiken(1993)[36]에 따르면 대부분의 연구에서 의향은 주관적 규범보다 태도에 의하여 더 영향을 받는다고 주장한다.

행동을 향한 태도는 다양한 결과를 가져오는 문제시되는 행동의 수행에 대한 신념과 그러한 신념에 대한 평가적 함수로 가정된다. 태도의 기대가치 예측은 각각의 두드러진 신념(bi, i=1,⋯p)에 가중치(ei, i=1,⋯p)를 둔 값에 의하여 얻어진다. 이것을 공식으로 표현하면 식(3)과 같다.

$$A_B \approx \sum_{i=1}^{p} b_i e_i, \quad \cdots\cdots \quad (3)$$

bi : 행동(B)의 수행에 대한 믿음의 강도, ei : 결과의 평가, i 와 P : 현저한 결과들의 수, biei : 간접적으로 측정된 태도

주관적 규범은 특정한 참고대상의 규범적인 처방에 관한 일단의 두드러진 믿음에 의하여 영향을 받는데, 주관적 규범은 그러한 각각의 참고대상에 순응하는 동기에 의하여 가중치가 부여된다. 이것을 공식으로 표현하면 식(4)와 같다.

$$SN_B \approx \sum_{j=1}^{q} nb_j m_j, \quad \cdots\cdots (4)$$

SNB : 행동(B)에 대한 주관적 규범, *nbj* : 행동을 수행하여야 할지 하지 말아야 할지 참고대상인 j가 생각하는 규범적 믿음, *mj* : 참고대상인 j에 순응하고자 하는 동기(Motivation), *q* : 참고대상인의 수

주관적 규범은 규범적 믿음과 순응을 하고자 하는 동기(Motivation)에 기초하고 있으므로 이것을 표현한 식(4)의 오른편 항은 간접적인 주관적 규범을 나타낸다. 주관적 규범은 전형적으로 특정한 참고대상의 의견에 대한 양극단 척도의 확률적 진술에 의하여 측정된다.

3) 계획된 행동이론(Theory of Planned Behavior : TPB)

합리적 행동이론이 전형적으로 결단력 있는 행동에 대한 명쾌한 설명을 제공하나 Ajzen(1985),[37] Ajzen & Driver(1992),[38] Ajzen & Madden(1986)[39] 등은 완전히 통제되고 있지 않은 의향과 행동을 예측할 목적으로 TRA에"인식된 행동통제"라는 변수를 추가하였다. 이 모델은 〈그림 2.3〉과 같다.

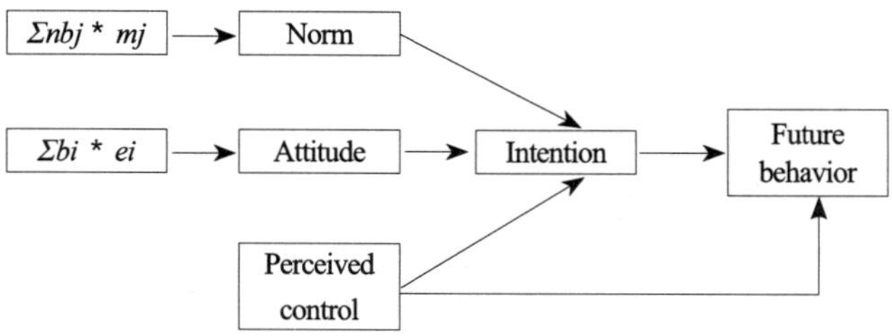

bi : 행동(B)의 수행에 대한 믿음의 강도,
ei : 결과의 평가
nbj : 행동을 수행하여야 할지 하지 말아야 할지 참고인 j가 생각하는 규범적 신념
mj : 참고대상인 j에 순응하고자 하는 동기(Motivation)

〈그림 2.3〉 계획된 행동이론

여기서 인식된 행동통제(Perceived Control)는 개인의 행동통제에 대한 인식을 말하며, 개인이 과거의 행동 수행에서 직면하였던 장애물을 극복하는 것을 의미한다. "인식된 행동통제"라는 변수의 추가를 통하여 Ajzen의 계획된 행동이론은 지각된 행동통제가 행동에 직접적으로 영향을 미친다고 제시하고 있다. 이로써 다음과 같은 식이 성립된다.

$$B \approx I + PBC \qquad (5)$$

I : 의향, PBC : 인식된 행동통제

행동예측을 위하여 인식된 행동통제가 개인의 의향에 영향을 미친다고 가정될 경우 다음과 같은 식이 성립된다. 더 큰 인식된 행동통제를 가진 개인은 인식된 행동통제가 없거나 낮은 사람에 비하여 특정 행동을 수행하고자 하는 더 큰 의향을 가지기 쉽다. 이러한 과정은 다음의 식과 같이 나타낼 수 있다.

$$I \approx A_B + SN_B + PBC \quad \cdots\cdots (6)$$

I : 행동(B)를 수행하는 의향, A_B : 행동(B)의 수행에 대한 태도
SN_B : 행동(B)의 수행에 대한 주관적 규범, PBC : 인식된 행동통제

Ajzen & Madden(1986)[40]에 따르면 일반적으로 인식된 행동통제는 ① 개인이 원한다면 특정 행동을 수행할 수 있는지 또는 없는지 여부 ② 행동의 수행이 그 개인에게 달려있는지 여부, ③ 행동의 수행이 쉬운지 또는 어려운지 여부에 대하여 인식한 총체적인 값으로 측정된다.

TRA의 예측적 타당도에 대한 연구가 이루어졌는데, Ajzen & Fishbein(1975)은 10개의 논문을 분석한 결과 행동의 예측자(태도, 주관적 규범)와 의향 간에 평균 0.63의 상관관계가 있다고 보고하고 있고, 식(2)와 같이 태도와 주관적 규범을 합한 값과 의향 간에도 평균 0.76의 다중상관관계가 있다고 보고한다. Sheppard *et al.*(1988)과 van den Putte(1991)의 메타분석도 각각 0.53과 0.62의 상관관계를 보고하고, 그리고 0.66과 0.68의 다중상관관계가 있음을 보고하고 있다.

TPB에 대한 연구에서 연구자들은 인식된 행동통제의 중요성을 이론화하기는 하였으나 Reinecke, Schmidt & Ajzen(1996)은 '콘돔사용에 대한 연구'에서 인식된 행동통제와 의향 간의 상관관계는 -0.6이라는 만족스럽지 못한 결과를 보고했다. 이러한 부(-)의 상관관계에 대

해서 가능한 설명은 인식된 행동통제가 최소한 실제통제를 하지 못한다는 의문을 제기하였다(Eagly & Chaiken, 1993).[41] 그들의 견해에 따르면 인식된 통제는 오직 사람들이 문제시되는 행동을 수행할 의향이 있을 때에만 관련되어야 한다는 것이다. 인식된 행동통제에 대해 제기된 다른 문제는 그것이 과거의 행동에 관련되어 있다는 것이다. Quellete & Wood(1998)에 따르면 과거행동이 나중의 행동에 수반하여 일어날 때 인식된 행동통제는 의향과 행동에 영향을 미친다고 주장하는데 그 이유는, 사람의 행동은 과거의 행동에 기반하고 있거나 또는 사람들은 일관성 있게 보이고 싶어 하기 때문이다. 이러한 견지에서 인식된 행동통제는 과거 행동수행과 관련하여 포함되어야 한다고 주장하는 증거들을 제시하고 있다. Francis *et al.*(2004: 44)[42]은 TPB는 행동에 대한 의향과 지각된 통제를 행동에 매우 인접한 예측자로 본다. 의향을 예측하는 세 가지 예측인자는 태도, 주관적 규범 그리고 지각된 행동통제이다. 이 세 개의 예측자는 잠재적 변수로서 직접적으로 관찰되지는 않고 설문지의 답변을 통해서 추론할 수 있을 뿐이다. 그것은 직접적 또는 간접적으로 측정되는데 예를 들어 태도를 직접적으로 측정한다면 사람들에게 그들의 어떤 행동에 대한 태도가 선호되는지 아니면 거부되는지를 질문하여 측정할 수 있고 간접측정의 경우 사람들에게 특정한 믿음을 묻고 그 믿음에 대한 태도가 선호되는지 아니면 거부되는지를 이론적 원칙에 따라 점수를 결합하여 산출할 수 있다. Jo d'Ardenne *et al.*(2011 : 6)은 TPB의 강점과 약점을 논하였는데 TPB는 인간의 행동에 있어서 모든 변수를 다 고려하여 설명할 수는 없다. 하나의 중요 이슈는 행동과 의향 간의 갭인데 사람들은 특정행동을 수행하려고 의도하나 그렇게 하지 않는 경우가 있다. 이와 관련하여 TPB는 실제행위를 하지 않는 이유를 고려하지는 않는다. 예를 들면, 과거행동과 습관의 역할은 TPB 변수가 설명하는 변화를 넘어서 예측력이 있는 것으로 간주하기 때문이다(Ouelette and Wood, 1998). 그런데, 종단연구(Longitudinal research)와 같은 경우 TPB를 이용하는 주요이점은 과거행동은 알려져 있고 그러므로 과거행동의 역할은 분석에서 평가되고 통합되어질 수 있다는 점이다. 따라서 과거자료에서 일관된 행동으로 파악된 행동과 습관을 현재의 태도, 주관적 규범 및 통제요소 같은 자료들과 비교하여 심리적 요소의 상대적인 강도를 조사할 수 있다.

4. 변화관리

1) 변화 관리가 중요한 이유는 무엇인가?[43]

오늘날과 같이 빠르게 변화하는 비즈니스 세계에서 변화에 적응할 수 있는 것은 조직의 성공을 위하여 필수적인 요구사항이다. 공급망 산업에서 조건과 요구 사항은 항상 변화하고 있다. 그 결과 성공하려면 변화에 적응할 수 있어야 한다. 따라서 변화관리는 조직에서 이해하고 구현하기 위한 중요한 개념이다.

① 변화 관리란 무엇인가?[44]

변화 관리는 모든 조직 전환을 용이하게 하는 프로세스다. 보다 구체적으로, 그것은 변화하는 사람들 측에 도움이 된다. 본질적으로, "직원들이 현재 비즈니스 환경의 변화를 이해하고, 위임하고, 받아들이고, 포용하는 데 도움이 된다."

② 왜 변화관리는 중요한가?

전략, 리더십 또는 기술적 변화 등 여러 가지 방식으로 조직에서 변화가 발생할 수 있다. 최근 몇 년 동안 기업은 새로운 기술을 구현하는 동안 변화 관리가 중요한 역할을 한다고 보고 있다. 많은 사람들은 기술이 발전함에 따라 기계가 작업장을 인수 할까봐 두려워한다.

이것은 종종 새로운 기술을 구현하려는 기업의 변화에 저항을 일으킨다. 직원들이 변화를 더 잘 이해하도록 함으로써 보다 개방적이고 변화가 쉬운 직장을 만든다. 변화 관리를 통해 이러한 긴장을 완화하고 원활한 프로세스를 만들 수 있다. 변화 관리는 직원들과 의사소통하는 공식적인 방법이다. 변화가 발생하는 이유, 그 결과, 최종 결과에 어떤 영향을 미치는지 알려준다. 직원에게 처음부터 정보를 제공하면 변화가 원활해지고 시간이 단축된다. 또한 직원이 변화에 더 개방적이면 변화를 일으키는 과정에 더 많이 참여하게 된다. 직원의 참여도가 높을수록 전환이 더 빨리 이루어질 수 있으며 궁극적으로 조직의 시간과 자원을 절약할 수 있다. 조직에서 이 커뮤니케이션 라인을 열어놓고 표준을 설정한다. 시간이 지남에 따라 직원들이 회사에 대한 신뢰가 확고해지고 경영진은 결정을 하게 된다. 궁극적으로 사람들은 미지의 것을 두려워한다. 전략을 마련하면 그러한 두려움을 없애지 않더라도 줄일 수 있다. 초기에 변화에 대한 표준을 설정하고 일관성을 유지하면 보다 적응력 있고 혁신적인 직장을 만들 수 있다.

3) 왜 변화를 구현하는 것이 어려운가?[45]

"조직 변화"에 대해 이야기할 때 "저항"과 "긴장"이라는 단어가 종종 떠오른다. 예를 들어 두 조직이 합병할 때의 어려움 또는 업무의 일부가 자동화되고 일부 기술이 중복될때 직원이 느끼는 두려움을 생가해보라. 문제는 변화가 가져올 수 있는 어려움에도 불구하고 변화

그 자체와는 관련이 없다. 조직의 변화는 점점 경쟁이 치열하고 빠르게 진행되는 세상에서 생존하고 번영하고자 하는 모든 비즈니스에 필수적이다. 문제는 많은 지도자들이 변화과정에 직원들에게 동기를 부여하고 참여시키기 위해 노력한다는 것이다. 그들은 종종 너무 빨리 움직이고 결과 중심이며 변화에 대한 접근 방식에 대해 충분히 협의하지 않는다는 점이다.

① 변화에 대한 저항

변화에 대한 저항은 프로젝트 관리 분야에서 자주 이야기하는 현상이다. 프로젝트와 변경 프로그램이 설정한 결과를 제공하지 못하는 주요 이유로 종종 인용한다. 근본적으로 변화에 대한 저항은 변화를 기꺼이 받아들이지 않는 사람들에게 적용되는 꼬리표다. 그러나 대부분 사람들이 저항하는 것은 변화 자체가 아니다. 사람들은 가치 있는 무언가를 잃거나 새로운 방식에 적응할 수 없을까 봐 두려움 때문에 변화에 저항하는 것이다.

조직의 변화가 잘못되면 그 이유는 종종 새로운 프로세스의 구현 때문이라고 간주된다. 관리자는 논리적 접근 방식을 사용하여 변화의 실제 요소를 처리하지만 오차에 대한 정서적 측면은 무시한다. 예를 들어 사무실 이전의 예를 고려하자. 이것은 사무실 이동을 담당하는 사람들에게 명확한 결과와 함께 간단한 프로젝트일 수 있다. 그러나 변화의 영향을 받는 직원들에게는 단순한 사무실 이전이 아니다. 일상생활에 큰 변화를 주었다. 안전과 보안 수준을 위협하기 때문에 심하게 감정적 문제를 야기할 수 있다.

② 저항을 부채질하는 두려움과 불확실성

처음에 사무실 이전과 같은 발표는 특히 건물이 더 새롭고 밝고 더 나은 위치에 있는 경우 흥분과 긍정적으로 보여질 수 있다. 그러나 일부 사람들이 더 먼 거리를 통근해야 하는 경우 어떻게 되는가? 일부 사람들이 공동사무실 근무로 인해 개인 사무실을 포기해야 한다면 일에 집중하고 업무를 완수하는 데 영향을 줄 것이라고 생각한다면 어떻게 할 것인가?

이 그룹의 사람들은 불확실하고 두려운 느낌이 들 것이다. 대부분의 관리자에게 이것은 "저항"으로 인식될 것이다. 그리고 이러한 유형의 저항은 힘과 논리를 통해 극복할 수 없다. 관리자와 리더가 사람들의 뿌리 깊은 감정과 이를 자극하는 요구에 관심을 가질 때만 해결할 수 있다. 우리 모두가 공유해야 하는 6가지 인간 요구 중 하나는 확실성이다. 이것은 안전과 보안의 필요성이며 변화가 우리에게 어떤 영향을 미치는지 알아야 한다. 우리는 변화에도 불구하고 두려움을 없애고 안전하고 괜찮을 것이라고 생각할 수 있도록 확실성과 확신이 필요하다. 우리의 생존 본능에서 초보적인 부분이다. 사람들이 위협을 받거나 안전하지 않다고 느끼면 이성적인 두뇌 사용에서 감정적인 두뇌로 전환한다. 우리는 생각만큼 논리적이고 합리적이지 않다.

③ 리더가 변화를 탐색하도록 돕는 방법

이것이 의미하는 바는 지도자들이 사람들의 두려움과 우려를 해결함으로써 사람들이 안전하고 안전하게 느끼도록 해야 한다는 것이다. 위대한 리더는 변화 과정에 사람들을 참여시키고, 상담하고, 그들의 아이디어를 듣고 그것을 변화과정의 일부로 만든다. 아무도 그들에게 변화를 가하는 것을 좋아하지 않는다. 사람들을 적극적으로 참여시킴으로써 이야기 속으로 사람들을 끌어들이는 것이 훨씬 좋다. 변화의 거래 측면 만 보는 관리자는 팀을 이끌 수 없다. 비결은 인간의 심리를 이해하고 그들에게 포함된 실제 관심사를 해결하는 것이다. 위대한 변화 지도자는 사람들이 변화의 긍정적인 측면을 보게 하고 현 상태를 매력적으로 보이게 만든다. 그들은 팀원이 신고 있는 신발을 공감하며 걸을 수 있는 능력이 있기 때문에 그렇게 할 수 있다.

④ 부드러운 기술은 정말 어렵다

다른 사람에게 무슨 일이 일어나고 있는지를 공감하고 완전히 이해하는 능력은 쉽다고 생각할 수도 있지만, 우리 대부분은 실체적이고 어려운 결과를 가져오는데 중점을 두도록 가르쳐져 왔기 때문에 부드러운 기술을 익히기가 어려울 수 있다. 오늘날과 같이 빠르게 변화하는 비즈니스 환경에서는 어려운 결과 외에도 인간 심리학을 이해하는 변화 지도자(리더)가 매우 필요하다. 이는 회사의 문화를 변화시키는 임무가 특히 중요하다. 사무실 이동은 어려울 수 있지만 사람들의 심리를 변화시키는 것보다 더 어려운 일은 없다. 예를 들어, 프로젝트 관리자가 팀의 권한을 위임하고 질문을 듣고 질문하는 데 있어 보다 협업적이고 개선되기를 원하는 팀 리더를 상상해보자. 직원들이 훌륭한 프로젝트 관리자가 명령을 내리고 다른 사람들에게 무엇을 해야 하는지를 잘 알고 있다고 근본적으로 믿는지 여부는 정말로 큰 의문이다. 그러한 상황에서는 인간의 심리학을 이해하고 변화를 지원할 수 있는 코치를 고용해야 한다. 위대한 지도자는 단순히 사람들에게 자신이 어떻게 변화하길 원하는지 알려주는 것만으로는 충분하지 않다는 것을 알고 있다. 또한 새로운 행동을 실제로 구현하는 데 도움이 되는 메커니즘을 마련해야 한다. 전문적 코치를 활용하는 것은 변환 과정에서 리더와 팀을 지원하는 데 탁월한 효과를 가져 올 수 있다. 조직의 변화를 더 잘 구현하기 위해 무엇을 할 수 있을까? 가능한 한 사람들에게 명확성을 제공하고 영향을 받는 사람들에게 그 변화의 영향을 소통하여야 한다. 그들의 신발을 신어라. 그들의 두려움과 걱정(관심)을 듣고 그들을 스토리의 일부로 만들어라.

4) 변화 관리의 문제는 무엇인가?

생각을 바꾸는 데 집중하지 않으면 변화하기가 어렵다. 전략적 변화 접근 방식을 사용하면 생각보다 새로운 프로세스를 쉽게 도입할 수 있다.

소규모 직원 구조 조정이든 비즈니스 합병이든 변화는 모든 사람에게 영향을 미친다. 변화는 성장과 진화의 중요한 요소이며 조직의 변화 관리를 통해 새로운 시대의 비즈니스로 자연스럽게 전환할 수 있다.

저항이 예상되지만, 이 저항을 집단적으로 극복할 수 있는 당신의 능력은 회사의 특징을 나타내는 좋은 모범을 보여줄 것이다. 팀원의 두려움을 잠재우기 위해서는 의사소통이 필요하며, 변화에 미적대는 팀원들이 자신감을 가지고 변화를 수용하도록 권장하여야 한다.

변화의 경로를 따라 불가피하게 장애물이 있을 것이다.

이것들은 모두 변화를 위한 한 덩어리의 과업이지만 성공적인 변화로 향하는데 있어서 문제를 줄이는 데에도 도움이 될 것으로 예상된다. 비즈니스를 보호하기 위해 리더가 직면한 가장 일반적인 문제와 이를 처리하는 방법을 살펴본다.

① 충돌(Conflicts)

변화는 불확실성과 두려움과 같은 감정을 불러 일으켜 직원들이 서로를 좌절하게 만든다. 충돌은 의도하지 않은 일반적인 결과이므로 직원이 어려움을 극복하도록 돕는 것은 리더로서의 책임이다. 충돌이 발생하면 일정이 중단되므로 가능하면 문제를 해결하고 완화해야 한다.

문제의 근원을 주도적으로 사전에 해소하도록 직원의 의견을 통합하는 해결책을 찾아야 한다. 적극적인 리더는 조직의 변화관리에 따라 작업하면서 문제에 뛰어들 것이다. 인내심을 가지는 것이 핵심이며, 당신은 직원의 말에 공감하면서 당신이 주장하는 이야기를 하여 그들을 이해하여야 한다. 변경 프로세스에서 걸림돌을 강조하는 문제는 탐구할 가치가 있으며 쉽게 적응할 수 있어야 한다.

② 계획

올바른 계획이 없다면 변화는 중단될 수 있다.

올바른 계획에 의하여 변화의 정확한 특성과 이러한 변화를 고수하기 위해 필요한 사항을 강조하는 체계적인 절차의 이점을 누리게 된다.

예를 들어, 새로운 시스템을 도입할 경우 기존 시스템과 호환되는지 여부와 전환시 필수 정보를 전송하는 방법을 이해해야 한다. 성공적인 계획은 직원의 잠재력을 극대화하고 궁극적으로 효율성을 높이기 위해 위임을 포함한다.

모든 의무가 적용되면 가동 중지 시간과 의도하지 않은 결과를 설명하는 성공적인 변경 일정을 만들 수 있다.

③ 좌절

좌절은 피할 수 없지만 발생하기 전에 식별하여 영향을 줄일 수 있다.

변화를 향한 당신의 발걸음은 완벽할 것이라고 생각하면 안된다. 당신의 방법은 결코 헛되지 않지만 미래를 정확하게 예측하기가 어렵다. 문제가 발생하면 긍정적인 정신 자세를 유지하고 재발을 예방하는 조치를 취한다. 팀이 도움을 주려고 노력하면 지연을 상당히 줄일 수 있다. 좌절을 예상하는 것이 하나의 문제이지만, 사전에 문제를 식별하면 잘 준비할 수 있다. 문제가 수면 위로 나타나면 변화 프로세스를 중단해야 하는지 또는 이를 재구성해야 하는 중요한 결과인지 평가할 수 있다.

④ 소통 결여

의도한 변경 사항을 알리지 못하면 의도된 변화가 실패할 수 있다. 추측과 소문이 조직을 휩쓸고, 신뢰가 부족하면 직원이 특히 필요한 정보에 대해 잘 모르는 경우 직원이 변화를 수용하기가 어려워진다. 불확실성이 직원을 방해하기 때문에 직원들은 진행 상황을 알아야 한다. 계획된 업데이트를 이해하는 것이 바람직하다. 그렇지 않으면 목표에 초점을 맞출 수 없으며 의사소통의 연결이 끊어 질 것이다. 정기 회의를 조율하거나 브레인스토밍 세션을 설정하든 직원에게 최신 정보를 제공하여야 한다. 직원이 귀중한 아이디어로 변화 과정을 도울 수 있기 때문에 커뮤니케이션은 양 방향으로 이루어져야 한다.

⑤ 저항

현재 상황이 제공하는 안전함에 익숙해 있으므로 사람들은 자연스럽게 변화에 저항한다. 현재가 너무 편하면 미래에는 성장의 여지가 없다. 우리의 진화를 제약하는 행동적인 장벽을 제거하기 위해서는 심리적 차원에서 저항을 다루어야 한다. 직원들이 새로운 절차를 배울 필요가 있기 때문에 고양이를 비둘기들에게 던지는 것처럼 편안함에 위협을 가한다. 새로운 교육을 제공함과 동시에 직원들을 안심시키고 지원함으로써 직원들은 조직 변경 관리에 적응할 수 있는 시간을 갖게 한다. 이를 통해 미래로 전환이 쉬워지므로 직원과 공감하고 확신을 가져올 수 있어야 한다.

⑥ 포용의 실패

행동 계획을 시작하는 것은 좋지만 직원이 계획에 전념하지 않으면 아무 소용이 없다. 새로운 철학에 대한 조직의 포용을 장려하여 그 과정에서 설정된 장벽을 무너뜨려야 한다.

의사 결정은 맨 위에서 시작되지만 환경에 대한 태도는 전체적으로 일관되어야 한다. 관례(선례)를 지도자로 삼으면, 변화하려는 의지가 줄어들 것이다. 경영진에서 교정하고자 하는 직원에 이르기까지 모든 사람이 탑승해야 한다. 그렇지 않으면 알력이나 의견차이로 위험에 직면할 것이다. 처음부터 모든 사람이 탑승할 수는 없지만 변화가 어떻게 회사 절차를 개선할 수 있는지 실제로 보여줌으로써 예약된 사람들이 곧 변화될 것이다. 변화는 임박했지만 변화에 적응하는 것은 요원하다. 리더로서 조직적 변화 관리를 통해 모범을 보여야 직원이 따라간다.

5. 혁신(Innovation)의 의미

현대적 의미의 혁신은 "새로운 아이디어, 창의적 사고, 장치 또는 방법의 형태를 가진 새로운 상상력"이다.[46] 혁신은 종종 새로운 요구사항, 분명치 않은(논리가 서있지 않은) 요구 또는 기존 시장 요구를 충족시키는 더 나은 솔루션을 적용하는 것으로 간주 된다.[47] 이러한 혁신은 시장, 정부 및 사회가 이용할 수 있는 보다 효과적인 제품, 프로세스, 서비스, 기술 또는 비즈니스 모델을 제공함으로써 일어난다. 혁신은 독창적이고 더 효과적이며 결과적으로 시장이나 사회에 "침입"되는 새로운 것이다.[48] 혁신은 발명과 관련이 있지만, 발명과는 같지 않다.[49] 혁신은 시장이나 사회에 의미있는 영향을 미치기 위해 발명의 실질적인 구현(즉, 새로운 / 개선된 능력)을 포함하는 경향이 있기 때문에, 모든 혁신에 발명이 필요한 것은 아니다.

해결되는 문제가 기술적이거나 과학적인 성격을 띠는 경우, 혁신은 엔지니어링 프로세스를 통해 자주 나타난다. 혁신(innovation)의 반대는 보수(conservatism)이다. 변화하는 환경에서 살아남기 위하여 기업은 구성원에게 끊임없는 혁신의 도입 또는 채택을 의미한다. 기업에서 쓰고 있는 혁신과 관련된 용어들 중에 혁파(革罷, exnovation), 개혁(renovation), 모방(imitation)과 같은 용어들을 명확히 할 필요가 있다. Innovation의 어근이라고 할 수 있는 novation은 웹스터사전에 따르면 새로운 것을 도입하는 것을 의미한다고 나와 있듯이 우리가 쓰고 있는 혁신을 말한다. Renovation은 새롭게 뜯어고친다는 의미로 즉 개혁(改革)한다는 의미이다. exnovation은 ex + novation으로 기존의 방법으로부터 이탈(out of novation)을 의미하므로 혁파라고 번역하여야 할 것이다. 새로운 장치는 종종 혁신으로 기술되는 반면, 경제학, 경영과학 및 기타 실무 및 분석 분야에서, 혁신은 일반적으로 다양한 새로운 아이디어를 통합하는 과정의 결과로 간주된다. 그들이 사회에 영향을 미치는 방식이나 산업 경제에서 혁신은 소비자의 수요 증가에 부응하기 위해 서비스를 통해 경험적으로 만들어지고 발견된다.[50]

혁신은 또한 이전과 다른 의미를 지니고 있다. 1400년대부터 1600년대까지 초기 미국 정착 이전에는 "혁신"이라는 개념은 경멸적이었다. 그것은 반란과 폭동 및 이단과 동의어였다.[51]

1) 혁신의 정의

혁신에 관한 2014년의 문헌 조사에서 40개 이상의 정의가 발견되었다. 소프트웨어 산업이 어떻게 혁신을 정의했는지에 대한 조사에서 Crossan과 Apaydin이 제공한 다음 정의는 가장 완벽한 것으로 간주되었으며, 이는 OECD 매뉴얼 정의에 기반을 두고 있다.[52]

혁신은 경제 및 사회 분야에서 부가가치된 색다른 생산 또는 채택, 동화 및 개척이다. 제품, 서비스 및 시장의 갱신 및 확대, 새로운 생산 방법 개발, 그리고 새로운 관리 시스템의 설립, 프로세스와 결과를 말한다.

Kanter에 따르면 혁신에는 독창적인 발명과 창조적인 사용이 포함되며 혁신은 새로운 아이디어, 제품, 서비스 및 프로세스의 생성, 채택 및 실현으로 정의된다.[53]

혁신의 두 가지 주요 차원은 신규성(특허) (즉, 혁신이 회사에 새로운 것인지, 시장에 새로운 것인지, 산업에 새로운 것인지, 아니면 세상에 새로운 것인지)과 혁신의 종류(즉, 프로세서 제품인지-서비스 시스템 혁신인지)였다.[54] 최근의 조직에 관한 연구에서, 작업장을 연구한 자들은 또한 이러한 두 가지 관련이 있지만 뚜렷한 구성에 대한 업데이트된 정의를 제공함으로써 혁신을 창의성과 구별했다.

작업장 창의성은 새로운 아이디어를 창출하려고 할 때 적용되는 인지 및 행동 과정과 관련이 있다. 작업장 혁신은 새로운 아이디어를 구현할 때 적용되는 프로세스와 관련이 있다. 특히 혁신에는 문제 / 기회 식별, 조직의 요구에 맞는 새로운 아이디어의 도입, 채택 또는 수정, 이러한 아이디어의 촉진 및 이러한 아이디어의 실질적인 구현이 포함 된다.[55]

2) 혁신에 대한 학제 간 의견

① 경영학과 경제학 분야

비즈니스와 경제에서 혁신은 성장의 촉매제가 될 수 있다. 지난 수십 년 동안 교통 및 통신 분야가 급속히 발전함에 따라, 한 분야의 유일한 투입에 초점을 둔 구세계의 부존자원 및 비교 우위 개념은 오늘날의 글로벌 경제에 뒤떨어진 것이다.

혁신 경제학 연구에 크게 기여한 이코노미스트 Joseph Schumpeter(1883-1950)는 산업계가 끊임없이 내부에서 경제 구조에 혁명을 일으켜야하며, 수공예품 공장에서 공장으로 연결하듯이 더 나은 또는 보다 효과적인 프로세스와 제품으로 시장 혁신을 해야 한다고 주장했다.

그는 "창조적 파괴는 자본주의에 대한 필수 사실"이라고 유명한 주장을 했다.[56] 기업가들은 첨단 기술과 조직 전략을 통해 혁신에서 실현되는 개선된 품질, 내구성, 서비스 및 가격으로 소비자 기반을 만족시키는 더 나은 방법을 지속적으로 찾고 있다.[57]

생몰 : 1883.2.8.-1950. 1.8
국적 : Austrian and American

재직기관 :
Harvard University, 1932-50
University of Bonn, 1925-32
Biedermann Bank, 1921-24
University of Graz, 1912-14
University of Czernowitz, 1909-11

연구분야 : Economics, econometrics
출신대학 : University of Vienna

〈그림 2.4 〉 혁신이론의 거장 슘페터

혁신의 대표적인 사례는 스탠포드 산업 단지에서 시작된 실리콘 밸리 스타트 업의 폭발적인 붐이었다. 1957년 노벨상 수상자 회사이자 트랜지스터 William Shockley의 공동 발명자인 Shockley Semiconductor에 불만족한 직원은 독립적인 회사인 Fairchild Semiconductor를 설립했다. 몇 년 후, 페어차일드는 이 부문에서 강력한 존재로 발전했다. 결국, 이 창립자들은 자신 만의 독창적인 최신 아이디어를 바탕으로 자신의 회사를 시작한 다음 주요 직원들도 자신의 회사를 만들기 시작했다.

향후 20년 동안 이 정보 기술 회사의 폭발적인 시작은 눈덩이처럼 발전하여 회사들이 증가하기 시작했다. 본질적으로 실리콘 밸리는 Shockley의 전직 직원 8명이 65개의 새로운 기업으로 시작된 것이다. 그 이후로, 혁신의 중심지는 뉴욕시를 포괄하는 실리콘 골목을 포함하여 유사한 반동으로 전 세계적으로 생겨났다. 또 다른 예로는 비즈니스 인큐베이터는 - 전 세계적으로 정부에 의해 육성되는 현상인데, 대학 또는 기타 정부 우수 센터와 같은 지식 클러스터(주로 연구 기반)에 근접한 현상과 관련이 있으며 - 주로 지역 또는 국가를 자극하거나 국가 경제 성장을 위하여 생성된 지식을 적용된 혁신 결과에 전달하는 것을 목표로 한다.[58]

② 조직분야

조직의 맥락에서 혁신은 효율성, 생산성, 품질, 경쟁력 및 시장 점유율의 긍정적인 변화와 연결될 수 있다. 그러나 최근의 연구 결과는 조직이 혁신적인 활동을 실질적인 성과 개선으로 전환할 수 있도록 하는 조직 문화의 보완적인 역할을 강조한다.[59] 또한 조직은 직원의 핵심 직무 이외에도 혁신할 작업 그룹 기회와 리소스를 제공함으로써 수익과 성과를 향상시킬 수 있다.[60]

Peter Drucker는 다음과 같이 말한다.

혁신은 기존 사업, 공공 서비스 기관 또는 가족의 주방에서 고독한 개인이 시작한 새로운 벤처 기업가의 특정한 기업가 정신의 기능이다. 이는 기업가가 새로운 부를 창출하는 자원을 창출하거나 기존 자원에 부를 창출할 수 있는 잠재력을 부여하는 수단이다.[61]

Clayton Christensen에 따르면, 혁신은 미래의 비즈니스 성공의 열쇠다. 조직은 경쟁 우위를 유지하기 위해 적절한 구조를 요구한다. 혁신 환경을 조성하고 육성해야 한다. 경영진과 관리자는 전통적인 사고방식에서 벗어나 변화를 유리하게 활용해야 한다. 위험의 시기이지만 더 큰 기회다.[62]

기술의 사용이 증가함에 따라 업무의 세계가 변화하고 있으며 기업과 기업 모두 경쟁이 심화되고 있다. 기업은 경쟁력을 유지하기 위해 운영 규모를 축소하거나 리엔지니어링을 해야 한다. 기업은 기존의 성과를 달성하면서 고용 인원을 줄이도록 영향을 준다.[63]

파괴적인 혁신(disruptive innovation)[64]은 일반적으로 "저렴한 솔루션으로 기존 비즈니스 모델을 공격하고 기존 기업을 빠르게 추월할 것이다."[65] 그러나 근본적인 혁신(Foundational innovation)은 느리고 일반적으로 장기적으로 글로벌 기술 시스템을 위한 새로운 기반을 만들 가능성이 있다.

근본적인 혁신(Foundational innovation)은 수년에 걸쳐 완전히 새로운 비즈니스 모델이 등장함에 따라 비즈니스 운영 모델을 변화시키는 경향이 있으며, 혁신을 점진적으로 꾸준히 채택하여 기술 및 제도적 변화의 물결로 인해 운동량이 더 느려진다.[66] 패킷 교환 통신 프로토콜 TCP / IP의 출현 - 원래 미국 국방성 전자 통신(이 메일)에 대한 단일 사용 사례를 지원하기 위해 1972년에 도입되었으며 1990 대 중반에야 널리 채택되었다. 월드 와이드 웹은 근본적인 기술이다.

병원, 대학 및 지방 정부를 포함한 모든 조직이 혁신할 수 있다. 예를 들어 전 볼티모어 시장인 Martin O'Malley는 볼티모어 시청 관료들이 범죄 동향에서부터 도로의 구덩이 상태에 이르기까지 여러 분야에 대한 통계를 유지할 수 있는 성과 측정 데이터 및 관리 시스템인 CitiStat를 사용하도록 했다. 이 시스템은 시간과 비용 측면에서 책임과 효율성을 가지고 정책과 절차를 보다 잘 평가하는 데 도움이 되었다. CitiStat는 첫해에 볼티모어 시청 예산 1,320만 달러를 절약했다.[67] 심지어 대중교통 시스템조차도 버스 정류장에서 실시간 추적을 위해 하이브리드 버스 차량으로 혁신되었다. 차량과 제어 센터 사이의 통신 허브 역할을 하는 차량에서 모바일 데이터 단말기의 사용이 증가함에 따라 위치, 승객 수, 엔진 성능, 주행 거리 및 기타 정보에 대한 데이터를 자동으로 전송했다. 이 도구는 운송 시스템을 제공하고 관리하는 데 도움이 되었다.[68]

또 다른 혁신적인 전략에는 전자 의료 기록에 의료 정보를 디지털화하는 병원이 포함된다. 예를 들어, 미국 주택 도시 개발부의 HOPE VI 이니셔티브는 도시 지역의 극빈층의 공공 주택을 활성화된 혼합 소득 환경으로 소생시켰다. 할렘 어린이 구역(Harlem Children 's Zone)은 지역 어린이들을 교육하기 위해 지역 사회 기반 접근법을 사용했다. 환경 보호국의 브라운 필드 보조금은 환경 보호, 녹지대, 지역 사회 및 상업 개발을 위해 브라운 필드의 변화를 촉진하였다.

③ 혁신의 원천(sources)

몇 가지 혁신의 원천이 있다. 혁신은 다양한 공/사(公/私)분야의 직원에 의한 집중적인 노력의 결과, 우연히 또는 중대한 시스템 오류의 결과로 발생할 수 있다.

Peter F. Drucker에 따르면 일반적인 혁신의 원천은 산업 구조, 시장 구조, 지역 및 세계 인구 통계, 인간의 지각, 분위기 및 의미, 이미 이용 가능한 과학 지식의 양 등에서 있어서 다른 변화를 보인다.[69]

가장 단순한 선형 혁신 모델(그림 2.5 참조)에서 전통적으로 인정되는 혁신의 원천은 제조업체 혁신이다. 이것은 혁신을 판매하기 위해 대리인(개인 또는 비즈니스)이 혁신하는 곳이다. 특히, R&D 측정은 공공 부문의 R&D 감소 비용이 늘어난 지출, BERD(연구개발에 대한 영업비 지출)라고 하는 비즈니스 부문에서 혁신을 위해 일반적으로 사용되는 투입이다.[70]

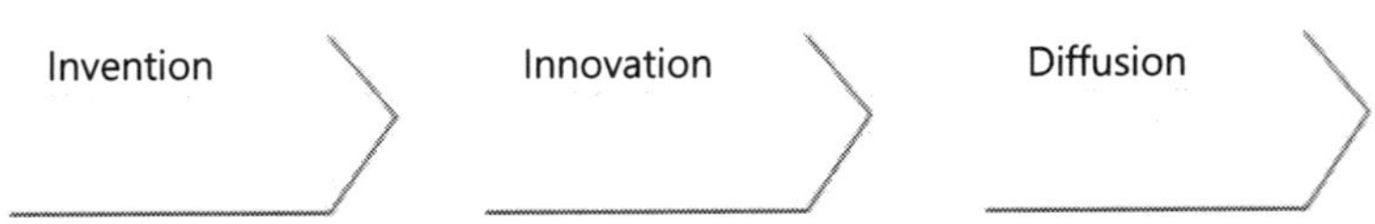

〈그림 2.5〉 기술 변화 과정의 3 단계

현재 널리 인식되고 있는 또 다른 혁신의 원천은 최종 사용자 혁신이다. 기존 제품이 요구를 충족하지 않기 때문에 에이전트(개인 또는 회사)가 자체(개인 또는 사내) 사용을 위한 혁신을 개발하는 곳이다. MIT 경제학자 에릭 폰 히펠(Eric von Hippel)은 최종 사용자 혁신을 "혁신의 근원"이라는 주제에 대한 그의 저서에서 가장 중요하고 비판

적인 것으로 확인했다.[71]

로봇 공학자 Joseph F. Engelberger는 혁신에는 다음 세 가지만 필요하다고 주장한다.

1. 필요성의 인정
2. 관련 기술을 갖춘 유능한 사람들
3. 재정 지원[72]

그러나 혁신 프로세스에는 일반적으로 고객 요구, 거시적 및 미시적 동향, 역량 개발 및 재정 지원 찾기가 포함된다.

클라인 체인 연결 혁신 모델[73]은 잠재적인 시장 요구를 혁신 프로세스의 동인으로 강조하고 마케팅, 설계, 제조 및 R&D 간의 복잡하고 반복적인 피드백 루프를 설명한다.

체인 연결 모델 또는 혁신의 Kline 모델은 1985년 기계 엔지니어 Stephen J. Kline에 의해 소개되었으며[74] 1986년 Kline 및 경제학자 Nathan Rosenberg에 의해 추가로 설명되었다.[75] 체인 연결 모델은 혁신 프로세스의 복잡성을 설명하려는 시도를 한다. 이 모델은 클라인의 가장 중요한 기여로 간주된다.[76] 체인 연결 모델에서 새로운 지식이 반드시 혁신의 원동력은 아니다. 대신, 이 프로세스는 채워지지 않은 시장 요구를 식별하는 것으로 시작한다. 이를 통해 모든 단계에서 복잡한 피드백 루프를 통해 리서치 및 디자인, 재 설계 및 생산, 마케팅 등을 수행할 수 있다. 조직 및 세계의 저장된 지식 기반과의 중요한 피드백 루프가 있으며, 새로운 기본 연구가 필요에 따라 수행되거나 시운전되어 간격을 메운다. 그것은 기본 연구가 응용 개발, 엔지니어링, 제조, 마케팅 및 유통으로 이어지는 소위 선형 혁신 모델과 대조

되는 경우가 많다.[77]

“경천동지할 혁신”을 위한 공식적인 연구 개발(R & D)에 많은 관심을 기울이면서 기업의 혁신은 여러 방식으로 달성된다. R & D는 산업, 의학, 공학 및 정부와 같은 분야에서 생산적인 성장을 이끄는 특허 및 기타 과학적 혁신에 박차를 가한다.[78] 그러나 혁신은 전문적인 경험의 교환 및 조합을 통해 그리고 다른 많은 경로를 통해 덜 공식적인 실무 수정(less formal on-the-job modifications of practice)을 통해 개발될 수 있다. 혁신 개념과 기술 이전 개념 사이의 관계에 대한 조사 결과 중복이 드러났다.[79] 보다 급진적이고 혁명적인 혁신은 R & D에서 발생하는 경향이 있지만, 보다 점진적인 혁신은 실무에서 나타날 수 있다. 그러나 이러한 각각의 추세에는 많은 예외가 있다. 정보 기술과 변화하는 비즈니스 프로세스 및 관리 스타일은 혁신에 호의적인 작업 환경을 만들 수 있다.[80] 예를 들어, 소프트웨어 툴 회사 Atlassian은 직원들이 회사 제품과 관련된 모든 작업을 수행할 수 있는 분기별 “ShipIt Days”를 수행한다.[81] Google 직원은 시간의 20%(혁신 시간 집중시간으로 알려짐 : known as Innovation Time Off)를 자기주도적인 프로젝트를 진행한다. 두 회사는 이러한 상향식 프로세스를 새로운 제품 및 기능의 주요 혁신 원천으로 예증한다.

중요한 혁신 요소에는 제품을 구매하거나 서비스를 이용하는 고객이 포함된다. 그 결과 조직은 포커스 그룹(사용자 중심 접근 방식)으로 사용자를 통합하거나 소위 리드 사용자(리드 사용자 접근 방식)와 긴밀하게 작업하거나 사용자가 제품을 직접 조정할 수 있다. 리드 사용자 방법은 혁신적인 사용자가 혁신적인 기술을 개발할 수 있도록 하는 아이디어 생성에 중점을 둔다. 유럽의 육상 운송 시스템을 혁신하기 위한 프로젝트인 U-STIR은 이러한 일을 수행하는 워크숍을 채택하고 있다.[82] 이 사용자 혁신과 관련하여 기술 및 제품을 실제로 구현하고 정상적인 활동의 일부로 사용하는 사람들은 많은 혁신을 수행한다. 때때로 사용자 혁신가(user-innovators)는 기업가가 되어 제품을 판매하거나 다른 혁신과 교환하여 혁신을 거래하거나 공급 업체가 그의 것을 채택할 수 있다. 오늘날에는 오픈 소스와 같은 방법을 사용하여 혁신을 자유롭게 공개할 수도 있다. 이러한 혁신 네트워크에서 사용자 또는 사용자 커뮤니티는 기술을 더욱 발전시키고 사회적 의미를 재창조할 수 있다.[83 84]

식별된 문제에 대한 솔루션을 혁신하기 위한 한 가지 기술은 실제로 가능한 많은 솔루션으로 실험을 시도하는 것이다.[85] 이 기술은 Thomas Edison의 실험실에서 가정용으로 경제적으로 실행 가능한 백열전구 버전을 찾기 위해 널리 사용되었으며, 여기에는 탄화 대나무에 정착하기 전에 수천 개의 가능한 필라멘트 디자인을 검색하는 것이 포함되었다.

이 기술은 때로는 신약물질 발견에 사용된다. 수천 종의 화학적 화합물은 고 처리량 선별을 거쳐 이들이 질병에 생물학적으로 중요한 것으로 확인된 표적 분자에 대한 활성을 갖는지 확인한다. 그리고 성공적인 치료제로 검증되면 효능을 개선하고 부작용을 줄이며 제조비용을 절감하도록 수정함으로써 유망한 화합물을 연구할 수 있다.

A / B 테스트 관련 기술은 종종 웹 사이트 및 모바일 앱 디자인을

최적화하는 데 사용된다. Amazon.com, Facebook, Google 및 Netflix와 같은 주요 사이트에서 사용된다.[86] Procter & Gamble은 컴퓨터 시뮬레이션 제품 및 온라인 사용자 패널을 사용하여 소비자 제품의 설계, 포장 및 선반 배치를 안내하기 위해 많은 실험을 수행한다.[87] Capital One은 이 기술을 사용하여 신용카드 마케팅 오퍼를 유도한다.[88]

④ 목표와 실패

조직 혁신 프로그램은 일반적으로 조직의 목적과 목표, 사업 계획 및 시장에서 경쟁적 지위와 밀접하게 연결되어 있다. 기업의 혁신 프로그램을 위한 한 가지 동인은 성장 목표를 달성하는 것이다. Davila *et al.* (2006)은 "기업은 비용 절감과 리엔지니어링을 통해서만 성장할 수 없다 … 혁신은 외형적인 성장을 달성하고 수익성을 높이는 데 핵심 요소"라고 말했다.[89]

다수의 제조 및 서비스 조직에서 수행한 하나의 설문 조사에 따르면 인기도가 낮은 순서로 순위를 매긴 조직적 혁신 프로그램 추진 요인을 보면, 품질 향상, 새로운 시장 창출, 제품 범위 확장, 인건비 감소, 생산 공정 개선, 자재 감소, 환경 피해 감소, 제품 / 서비스 교체, 에너지 소비 감소 및 규정 준수다.[90]

이러한 목표는 제품, 프로세스 및 서비스의 개선에 따라 다르며 혁신이 주로 신제품 개발을 다룬다는 대중적인 신화를 없애준다. 대부분의 목표는 제조 시설, 마케팅 회사, 병원 또는 정부 등 모든 조직에 적용될 수 있다. 혁신 목표가 성공적으로 달성되는지의 여부는 조직의 보편적인 환경에 크게 좌우된다.[91]

반대로, 혁신 프로그램에서 실패가 발생할 수 있다. 실패의 원인은 광범위하게 연구되었으며 상당히 다양할 수 있다. 일부 원인은 조직의 외부 및 통제의 영향을 받는 외부에 있다. 그 외는 내부적이며 궁극적으로는 조직의 통제 범위 내에 있을 것이다. 내부 실패의 원인은 문화 인프라와 관련된 원인과 혁신 프로세스 자체와 관련된 원인으로 나눌 수 있다. 대부분의 조직에서 혁신 프로세스 내에서 발생하는 일반적인 실패 원인은 5가지 유형으로 나눌 수 있다. 목표 정의 불량, 목표에 대한 실행조치 불량, 팀 참여 부족, 결과 모니터링 부실, 의사소통 및 정보 접근 부족이 그것이다.[92]

6. 혁신의 확산(Diffusion)

혁신 연구의 확산은 1903년에 최초의 S-형 확산 곡선을 그린 가브리엘 타드(Gabriel Tarde) 연구원에 의해 처음 시작되었다. Tarde는 혁신 결정 프로세스를 다음과 같은 일련의 단계로 정의했다.[93]

① 지식

② 태도 형성

③ 채택 또는 거부 결정

④ 구현 및 사용

⑤ 결정의 확인

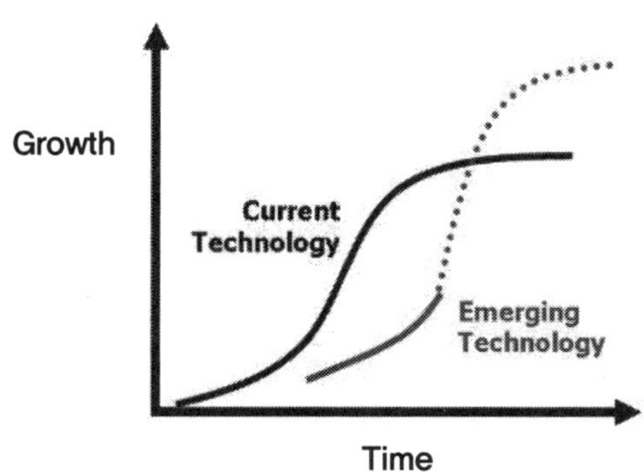

〈그림 2.6〉 확산의 S 커브 곡선

혁신이 이루어지면 혁신가에서 다른 개인 및 그룹으로 확산 될 수 있다. 이 프로세스는 혁신의 수명주기가 's-형 곡선' 또는 확산 곡선을 사용하여 설명될 수 있다고 제안되었다. s-형 곡선은 시간에 따른 수익 또는 생산성 증가를 보여준다. 특정 혁신의 초기 단계에서는 신제품이 자체적으로 확립됨에 따라 성장이 상대적으로 느리다. 어느 시점에서 고객은 수요를 시작하고 제품 성장이 더 빠르게 증가한다. 새로운 점진적 혁신이나 제품 변경으로 인해 계속 성장할 수 있다. 수명주기가 끝날 무렵에는 성장이 느려지고 심지어 쇠퇴하기 시작할 수도 있다. 이후 단계에서 해당 제품에 대한 새로운 투자 금액은 정상적인 수익률을 산출하지 않는다.

s-형 곡선은 신제품이 "제품 수명", 즉 시작 단계, 빠른 매출 증가 및 최종 감소와 같은 "제품 수명"을 가질 것이라는 가정에서 비롯된다. 실제로, 대부분의 혁신은 결코 곡선에서 벗어나지 않으며 정상적인 수익을 창출하지 않는다. 혁신적인 회사는 일반적으로 오래된 혁신을 대체할 새로운 혁신을 위해 노력할 것이다. 연속적인 s-형 곡선은 나중의 s-형 곡선을 대체하여 계속 성장할 것이다. 위의 그림에서 첫 번

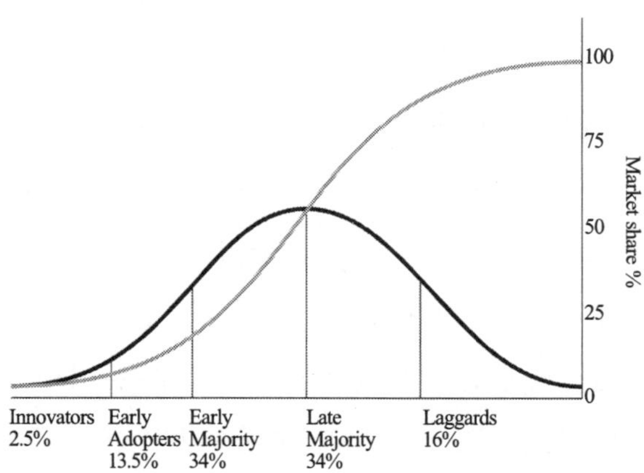

〈그림 2.7〉 확산의 확산모델

째 곡선은 현재 기술을 보여준다. 두 번째는 현재 성장률은 낮지만 현재 기술을 능가하여 더 높은 수준의 성장으로 이어지는 신흥 기술을 보여준다. 제품의 수명은 많은 요소에 달려 있다.[94]

혁신의 확산은 새로운 아이디어와 기술이 어떻게, 왜, 어떤 속도로 확산되는지 설명하려는 이론이다. 커뮤니케이션 연구 교수인 Everett Rogers는 그의 저서인 Diffusion of Innovations에서 이 이론을 대중화했다. 이 책은 1962년에 처음 출판되었으며 현재는 다섯 번째 판(2003)을 발간 중에 있다.[95] 로저스는 확산은 사회 시스템 참가자들 사이에서 시간이 지남에 따라 혁신이 전달되는 과정이라고 주장한다. 혁신 이론의 확산의 기원은 다양하며 여러 분야에 걸쳐 있다.

Rogers는 혁신 그 자체, 커뮤니케이션 채널, 시간 및 사회 시스템이라는 네 가지 주요 요소가 새로운 아이디어의 확산에 영향을 미친다고 제시한다. 이 과정은 인적 자본에 크게 의존한다. 혁신이 스스로 지탱하기 위해서는 혁신이 널리 채택되어야 한다. 혁신이 채택되는 과정에 어느 시점에서 급격한 확산이 이루어지기 위해 혁신의 확산속도나 비율이 임계질량(Critical Mass) 도달하는 시점이 있다. 혁신을 채택하는 자의 범주는 혁신가(innovators), 초기 채택 자(early adopters), 초기 다수(early majority), 후기 다수(late majority) 및 후발주자(laggards)이다.[96] 확산은 여러 방식으로 나타나며 채택 자의 유형과 혁신 결정 프로세스에 크게 영향을 받는다. 채택자 분류의 기준은 개인이 새로운 아이디어를 채택하는 정도로 정의되는 혁신성이다.

〈그림 2.7〉을 참조하면, Rogers에 따르면 혁신의 확산은 연속적인

소비자 그룹이 새로운 기술(파란색으로 표시)을 채택함에 따라 시장 점유율(노란색)은 결국 포화 수준에 도달한다. 파란색 곡선은 채택자의 섹션으로 나뉜다.

확산(diffusion)의 개념은 19세기 후반 프랑스의 사회학자 가브리엘 타르 드(Gabriel Tarde)와 프리드리히 라첼(Friedrich Ratzel), 레오 프로베니우스(Leo Frobenius)와 같은 독일 및 오스트리아 인류학자와 지리학자에 의해 처음 연구되었다. 1920년대와 1930년대 미국 중서부의 농촌 사회학 하위 분야에서 혁신 확산에 대한 연구가 시작되었다.

농업 기술이 빠르게 발전하고 있었으며 연구원들은 독립적인 농부들이 어떻게 하이브리드 종자, 장비 및 기술을 채택하고 있는지 조사하기 시작했다.[97] Ryan and Gross(1943)가 아이오와에서 잡종 옥수수 종자를 채택한 것에 대한 연구는 미래에 일관되게 인용 될 뚜렷한 패러다임으로 확산에 관한 선행 연구를 강화했다.[98] 농촌 사회학이 시작된 이래로, 확산의 혁신은 의학 사회학, 커뮤니케이션, 마케팅, 개발 연구, 건강 증진, 조직 연구, 지식 관리, 보존 생물학[99] 및 복잡성 연구[100] 와 같은 다양한 분야에 적용되었다. 의약품, 의료 기술 및 건강 커뮤니케이션의 사용에 특히 큰 영향을 미친다.[101] 조직 연구에서 기본적인 역학 또는 내부 영향 양식은 우표 및 표준화된 학교 윤리 규정과 같은 것처럼 H. Earl Pemberton[102]에 의해 공식화되었다.

1962년, 농촌 사회학 교수인 에버렛 로저스(Everett Rogers)는 그의 저서 혁신의 확산(Diffusion of Innovations)을 발표했다. Rogers는 인류학, 초기 사회학, 농촌 사회학, 교육, 산업 사회학 및 의료 사회학 등 이론에 초기에 영향을 미친 분야에 걸쳐 508 개 이상의 확산 연구에서 얻은 연구를 종합했다. Rogers는 자신의 종합을 사용하여 개인과 조직 간에 혁신을 채택한다는 이론을 만들었다.[103] 혁신의 확산과 로저스의 후기 서적은 확산 연구에서 가장 많이 인용된다. 이 분야가 소셜 네트워크 분석 및 커뮤니케이션과 같은 다른 방법론 분야로 확대되고 영향을 받는 경우에도 그의 확산방법론은 최근의 확산 연구에서 밀접하게 따르고 있다.[104]

에버렛 로저스(Everett Rogers)
언론정보학자, 사회학자, 작가, 교수.
출생 : 1931년 3월 6일, 미국 아이오와 캐럴 파인허스트 농장
사망 : 2004년 10월 21일, 미국 뉴멕시코 앨버커키
학력 : 아이오와 주립대학
연구 : Development communication, International communication, 통신이론
저서 : Diffusion of Innovations(1962년)
A History of Communication Study : A Biographical Approach(1994년)
Silicon Valley Fever(1984년)
Agenda-Setting(1996년)
The Fourteenth Paw : Growing Up on an Iowa Farm in the 1930s

〈그림 2.8〉 Rogers, E. 약력

1) 확산의 요소

확산의 요소는 혁신, 채택자, 의사소통 채널, 시간, 사회시스템 등 5가지가 있다. 이를 차례대로 살펴본다.

① 혁신(Innovation) : 혁신은 확산의 요소에 관련된 현재 지식과 관련하여 광범위한 범주다. 개인 또는 다른 채택 단위(unit)에 의해 새로운 것으로 인식되는 모든 아이디어, 실제 또는 대상은 연구 가능한 혁신으로 간주 될 수 있다.[105]

② 채택자(Adopters) : 채택자는 최소한의 분석 단위다. 대부분의 연구에서 채택자는 개인이지만 조직(기업, 학교, 병원 등), 소셜 네트워크 내의 클러스터 또는 국가일 수도 있다.[106]

③ 의사소통 채널(Communication channels) : 확산은 정의상 사람이나 조직간에 발생한다. 통신 채널을 사용하면 한 장치에서 다른 장치로 정보를 전송할 수 있다.[107] 확산이 발생하기 위해서는 최소한 당사자 간에 의사 소통 패턴 또는 기능을 설정해야 한다.[108]

④ 시간(Time) : 혁신이 채택되려면 시간의 흐름이 필요하다. 그것들은 순간적으로 거의 채택되지 않는다. 실제로 하이브리드 옥수수 채택에 관한 Ryan and Gross(1943)의 연구에서 채택은 10년이 넘게 이루어졌으며, 대부분의 농민들은 입양 후 첫 몇 년 동안 새로운 옥수수에 자신의 분야 중 일부를 할애했다.[109]

⑤ 사회시스템(Social system) : 사회 시스템은 외부 영향(대중매체, 계면 활성제,[110] 조직 또는 정부 명령)과 내부 영향(강하고 약한 사회적 관계, 의견 리더와의 거리)의 조합이다,[111] 사회 시스템에는 많은 역할

이 있으며, 그 조합은 잠재적인 채택 자에게 미치는 총 영향을 나타낸다.[112]

2) 확산의 과정

확산은 5단계 의사 결정 프로세스를 통해 발생한다. 그것은 비슷한 사회 시스템의 구성원들 사이에서 일정 기간 동안 일련의 통신 채널을 통해 발생한다. Ryan과 Gross는 1943년에 처음으로 채택(adoption)을 프로세스로 확인했다.[113] Rogers의 5단계이론 즉, 인식, 관심, 평가, 시행 및 채택이 이 이론의 핵심이다. 개인은 채택 과정 중 또는 채택 후 언제라도 혁신을 거부할 수 있다. Abrahamson은 기술적으로 비효율적인 혁신이 어떻게 확산되고 기술적으로 효율적인 혁신이 따라 잡는 데 방해가 되는 요소가 무엇인가와 같은 질문을 제기함으로써 이 과정을 비판적으로 조사했다. Abrahamson은 조직 과학자들이 혁신의 확산을 보다 포괄적으로 평가할 수 있는 방법에 대한 제안을 한다.[114] 로저스는 이후 혁신 확산에서 다섯 단계의 용어를 지식, 설득, 결정, 구현(집행) 및 확인으로 변경한다. 그러나 범주에 대한 설명은 전체적으로 유사하게 유지되었다.

채택과정의 5단계(Five stages of the adoption process)

① 지식/인식(Knowledge / Awareness)

개인은 처음에는 혁신에 노출되지만 혁신에 대한 정보는 부족하다. 이 단계에서 개인은 아직 혁신에 대한 자세한 정보를 찾도록 영감을 얻지 못한다.

② 설득(Persuasion)

개인은 혁신에 관심이 있고 관련 정보나 세부 사항을 적극적으로 찾는다.

③ 결정(Decision)

개인은 변화의 개념을 취하고 혁신 사용의 장단점을 평가하고 혁신을 채택할지 거부할지 결정한다. Rogers는 이 단계의 개성적 특성으로 인해 경험적 증거를 얻는 것이 가장 어려운 단계라고 지적했다.[115]

④ 구현(Implementation)

개인은 상황에 따라 혁신을 다양한 정도로 사용한다. 이 단계에서 개인은 또한 혁신의 유용성을 결정하고 이에 대한 추가 정보를 검색할 수 있다.

⑤ 확신/지속(Confirmation/Continuation)

개인은 혁신을 계속 사용하기로 한 결정을 마무리한다. 이 단계는 개인의 마음속에 생기는(개인 내의)관계(인지 불협화음을 유발할 수 있음)와 대인 관계이며 그룹이 올바른 결정을 내렸다는 확인이다.

3) 채택자의 범주(Adopter categories)

Rogers는 채택자 범주를 혁신성을 기반으로 사회시스템 내 개인들의 분류로 정의한다. Rogers는 혁신의 확산(Diffusion of Innovations)이라는 책에서 확산 연구에서 채택자 범주의 사용을 표준화하기 위해 총 5개의 채택자 범주를 제안한다. 혁신의 채택은 오랜 시간에 걸쳐 그려졌을 때 S 곡선을 따른다.[116]

채택자의 범주는 다음과 같다 :

① 혁신가

② 조기 채택 자

③ 초기 다수

④ 후기 다수 및

⑤ 후발 주자[117]

특정 커뮤니티 내에 존재하는 게이트 키퍼(모니터, 문지기) 및 의견리더 외에도 변화 에이전트는 커뮤니티 외부에서 나올 수 있다. 변화 에이전트(대행자)는 먼저 게이트 키퍼를 통해 오피니언 리더와 같은 커뮤니티를 통해 새로운 커뮤니티에 혁신을 가져온다.

① 혁신가(Innovators)

혁신가들은 기꺼이 위험을 감수하고, 사회적 지위가 가장 높으며, 재무 유동성이 있으며, 사회적이며 과학적 출처와 가장 밀접한 접촉을 하고 다른 혁신가와의 상호 작용을 한다. 그들의 위험 허용 능력은 궁극적으로 실패할 수도 있는 기술을 채택하도록 한다. 금융 자원은 이러한 실패를 흡수하는 데 도움이 된다.

② 조기 채택자(Early adopters)

이러한 개인은 채택 자 범주 중에서 가장 높은 수준의 여론 선도성을 가진다. 조기 채택자는 사회적 지위, 재정적 유동성, 고급 교육 수준이 높으며 후기 채택자보다 사회적으로 발전되어 있다. 그들은 혁신가보다 채택을 선택하는데 더 신중하다. 그들은 적절한 의사소통 방식을 사용하여 핵심적 커뮤니케이션 위치를 유지하도록 돕는다.[118]

③ 초기 다수(Early Majority)

그들은 혁신가들과 초기 채택자들보다 훨씬 더 긴 시간 후에 혁신을 채택한다. 초기 다수 채택자들은 평균적인 사회적 지위 이상이며, 사회조직에서 거의 초기 채택자와 접촉하는 위치를 갖지 않는다(Rogers 1962, p. 283).

④ 후기 다수(Late Majority)

그들은 평균 참가자들이 채택을 한 이후에 혁신을 채택한다. 이 사람들은 높은 회의를 가지고 혁신에 접근하고 사회 속에서 대다수가 혁신을 채택한 후에 혁신에 접근한다. 후기 대다수는 일반적으로 혁신에 대해 회의적이며, 평균 사회적 지위 미만, 재무 유동성이 거의 없으며, 대다수와 후기 대다수의 다른 사람들과 접촉하였으며, 의견 리더십은 적은 편이다.

⑤ 후발 주자(Laggards)

그들은 혁신을 채택한 마지막 사람이다. 이전 범주의 일부와 달리 이 범주의 개인은 의견 리더십(여론 선도성)이 거의 없거나 전혀 없다. 이러한 개인은 일반적으로 변화 대행자를 혐오한다. 후발주자(Laggards)는 일반적으로 "전통", 가장 낮은 사회적 지위, 가장 낮은 재무 유동성, 채택자 중에서 혁신 채택에 가장 시간이 많이 걸리고, 가족 및 친한 친구와 만 접촉하는 데 중점을 둔다.

4) 실패한 확산

확산이 실패했다고 해서 기술이 아무에게도 채택되지 않았다는 의미는 아니다. 오히려 확산 실패는 종종 자체 약점, 다른 혁신과의 경쟁 또는 단순히 인식 부족으로 인해 100% 채택에 도달하지 않았거나 도달하지 않는 확산을 말한다. 소셜 네트워크 관점에서 보면, 실패한 확산은 특정 클러스터 내에서 널리 채택 될 수 있지만, 더 먼 관계인에게 영향을 미치지는 않는다. 과도하게 연결된 네트워크는 혁신으로 인한 변화를 막는 경직성으로 인해 어려움을 겪을 수 있다.[119] 때로는 지역의 참여와 지역공동체의 참여 부족으로 일부 혁신이 실패하기도 한다.

예를 들어 Rogers는 페루에서 Los Molinas 마을의 건강과 건강 수준을 향상시키기 위해 끓는 식수를 구현하는 상황을 논의했다. 주민들은 위생과 질병의 연관성을 알지 못했다. 이 캠페인은 마을 사람들과 협력하여 물을 끓이고, 쓰레기를 태우고, 화장실을 설치하고, 질병 사례를 지역 보건 당국에 보고하도록 노력했다.

로스 몰리나스에서 문제는 끓인 물이 "불편한 것"을 소비한 것만으로 연결되어 있었기 때문에 건강한 주민이 물을 끓여서 먹기도 전에 물을 끓인다는 생각이 주민들을 불쾌하게 하였다. 2년간의 교육 캠페인은 대체로 실패한 것으로 간주되었다. 이러한 실패는 그러한 사회적 변화를 위한 캠페인에 관여하는 커뮤니케이션 채널의 역할이 중요하다는 것을 보여 주었다. 엘살바도르에서의 확산을 조사한 결과 혁신이 전달됨에 따라 하나 이상의 소셜 네트워크가 존재할 수 있다고 판단했다. 한 네트워크는 정보를 운반하고 다른 네트워크는 영향을 미친다. 로저스는 로스 몰리나스 위생 사건에서 사람들은 혁신의 용도에 대해 들었을지 모르지만 영향력과 지위의 네트워크가 채택을 방해했다.[120]

5) 확산과 사회시스템의 역할(The role of social systems)

확산과 사회시스템의 역할을 살펴보기 위하여 이번 섹션에서는 ① 여론 선도자(Opinion leaders), ② 전자통신 사회네트워크(Electronic communication social networks), ③ 조직(Organizations)에 대하여 살펴본다.

① 여론 선도자(Opinion leaders)

모든 개인이 다른 사람에게 동등한 영향을 미치는 것은 아니다. 이런 의미에서 여론 선도자는 혁신에 대한 긍정적 또는 부정적 정보를 유포하는 데 영향을 미친다. Rogers는 Katz & Lazarsfeld의 아이디어와 의견 리더의 영향에 대한 아이디어를 개발할 때 2 단계 흐름 이론(two-step flow theory)에 의존한다.[121] 여론 선도자는 혁신 결정 프로세스의 평가 단계와 채택 자에게 가장 큰 영향을 미친다.[122] 또한 여론 선도자들은 일반적으로 대중 매체에 더 많이 노출되고, 더 국제적인, 더 많은 변화 에이전트와의 접촉, 더 많은 사회적 경험 및 노출, 더 높은 사회 경제적 지위를 가지며, 다른 사람들보다 더 혁신적이다.

시카고 대학교에서 1950년대 초에 새로운 제품과 서비스의 확산에 대한 방송 광고의 비용 효율성을 평가하려는 연구가 수행되었다.[123]

조사 결과 여론 선도자는 사회 내 계층으로 구성되는 경향이 있었으며, 계층의 각 수준은 같은 수준의 다른 구성원과 그 아래의 다른 수준에 가장 큰 영향을 미쳤다. 가장 낮은 수준은 일반적으로 더 많았고 대량 광고의 대상이 될 수 있는 다양한 인구 통계학적 속성과 일치하는 경향이 있었다. 그러나 직접적인 입소문과 사례는 방송 메시지보다 훨씬 영향력이 큰 것으로 나타났으며 이는 직접적인 영향을 강화한 경우에만 효과적이었다. 이로 인해 광고는 가능한 경우 채택을 받지 않는 혁신에 대한 광고가 아닌, 혁신이 채택된 다음에 광고를 하는 것이 가장 효과적이라는 결론을 내렸다.

행위자 네트워크 이론(ANT; Research on actor-network theory)에 대한 연구는 또한 혁신을 구현하는 네트워크 또는 시스템을 조립하기 위해 사회 시스템 내의 다양한 이해 당사자들 사이에서 혁신의 특성과 그 맥락을 조사하는 ANT 개념과 혁신의 확산 사이에 상당히 일치되는 부분이 있음을 확인한다.[124]

공공 선택 이론(public choice theory)에 대한 개념과 관련된 다른 연구에 따르면 혁신에 영향을 미치는 계층은 공식적, 정치적 또는 경제적 지위의 계층과 일치할 필요는 없으며, 그렇지 않을 수도 있음을 발견했다.[125] 엘리트는 종종 혁신가가 아니며, 외부인이 혁신을 도입하고 최상위 의사 결정자에게 계층을 전파해야 할 수도 있다.

〈심화연구2.1〉 공공 선택 이론(public choice theory)

"공공 선택 이론(public choice theory)의 주창자이자 1986년 노벨경제학상 수상자인 미국 학자 제임스 M. 뷰캐넌에 따르면 '이기적 개인 대 공공의 정부'라는 가정은 환상이다. 국가와 정부를 위해 일하는 사람 역시 이기적인 동기에 따라 움직인다. 사회적 후생, 정의·복지 등을 내세우지만 실제로는 정부 기능과 규모를 키울수록 해당 부처가 이익을 얻는다. 결국 정부는 점점 몸집을 불리고 재정 적자는 눈덩이처럼 불어난다. 『뉴욕타임스』는 실제 이 같은 일이 미국 정부에서 일어나고 있다고 지적했다. 뷰캐넌은 정치인의 위선이 성품 때문이 아니라 잘못된 정치제도에서 비롯된다고 봤다." 뷰캐넌은 공공 선택의 두 가지 핵심 요소로 정치를 교환 개념으로 설명하는 점과 호모 에코노미쿠스(Homo Economicus) 즉, 경제적 인간 모델을 꼽았다. 기존의 '사회적 선택 이론'은 정치를 교환으로 보지 않았으며 오히려 정치란 독특한 까닭에 발견되지 않을 수 없는 최선의 결과가 이 세상에 존재한다는 오래된 관념을 지지했다. 반면 공공 선택 이론의 근간은 정치적 의사 결정의 주체를 사익을 추구하는 개인으로 본다는 점에 있다. 즉, 공공 정책을 수립하는 결정권자인 정치가나 관료 역시 기업가나 시장 상인과 마찬가지로 자기 자신의 이익을 위해 노력한다는 가정에 입각한 이론이다. 그런데 유권자들은 왜 그런 현실을 외면하거나 방치하는가? 뷰캐넌은 '합리적 무시(rational ignorance)' 때문이라고 말한다. 합리적 무시는 어떤 정보가 주는 이득보다 그것을 얻기 위한 비용이 큰 경우 그 정보를 얻지 않고 무시하는 게 '경제적'으로 합리적이라는 개념이다. 평균적 투표자는 후보자들의 신상이나 그들의 공약에 대해 충분한 정보를 가지지 못한 채 투표장에 가는데, 정보 수집에서 얻는 혜택이 이를 위한 비용보다 작은 경우 투표자는 정보 수집 행위를 처음부터 시작하지 않거나, 시작하더라도 충분한 수준까지 하지 못한다. 투표뿐만 아니라 불합리한 정책 집행도 마찬가지다. 불합리한 정책 집행으로 인해 자신이 지불해야 할 비용은 소액의 세금이지만 불필요한 소액의 세금 지출을 막기 위해서는 귀중한 시간과 더 큰 노력을 투여해야 한다. 국민 개개인으로서는 아예 모른 척 하는 것이 더 합리적일 수 있다. 이럴 때 흔히 쓰는 자조적 표현이 "38선 나 혼자 막나"다. 반면 특별이익집단(special interest groups)은 자신들에게 유리한 방향으로 입법이 이루어지도록 만드는 비용에 비해서 입법의 결과로 얻는 편익이 훨씬 크기 때문에 적극적으로 정치 시장에 개입한다. 관료들은 이들의 개입에 쉽게 무너진다. 그들은 공복

(公僕)이 아니라 봉급, 수당, 권력, 위신, 퇴직연금 등을 극대화하기 위해 경쟁하는 사실상의 비즈니스맨이기 때문이다. 털럭은 1967년 이른바 '지대 추구(rent-seeking)' 개념을 제시했다. '지대 추구'는 사적 영역의 집단들이 생산적 활동을 통해 수익을 얻기보다 국가 부문의 자원과 영향력에 접근하여 수익을 얻고자 하는 비생산적인 행위를 의미한다. 정치와 행정을 사익을 추구하는 비즈니스로 보는 공공 선택 이론의 관점에서 보자면, 지대 추구는 그 비즈니스에 "나도 좀 먹자"며 숟가락을 들이미는 행위인 셈이다. 보통 사람이 그냥 술자리에서 "세상은 다 도둑놈"이라고 내뱉을 법한 말을 이론화한 게 바로 공공 선택 이론이라고 해도 좋다. 오늘날의 한국 정치와 행정의 전부는 아닐망정 상당 부분을 설명할 수 있는 최상의 이론이라고 말하면 지나칠까?" 〈강준만. (2014). 감정독재. 인물과 사상사 중〉[126]

② 전자통신 사회네트워크(Electronic communication social networks)

인터넷이 도입되기 전에 소셜 네트워크가 혁신의 확산에 중요한 역할을 했다고 주장되었다. 특히 IRG 솔루션-계층적 무능력과 그것을 극복하는 방법에 관한 암묵적 지식을 담은 저술이다. 이 책은 개인의 컴퓨터 네트워크의 광범위한 채택이 가능한 단점을 이해하고 달리 일어날 수 없었던 필요한 혁신의 확인을 통해 혁신을 훨씬 더 잘 확산시킬 것이라고 주장했다.

Ryan과 Gross가 제안한 사회적 모델은 Ryan과 Gross가 사용한 시스템 수준 분석에만 의존하는 대신 소셜 네트워크를 채택자 분류의 기초로 사용하는 Valente에 의해 확장 된다.[127] 발렌테는 또한 개인의 네트워크를 검토하는데, 이는 다른 많은 학자들이 지지하는 조직의 관점과는 다른 응용이다.[128] Wear의 최근 연구에 따르면, 특히 지역 및 농촌 지역에서 개인 간 네트워크가 더 강한 커뮤니티에서 훨씬 더 많은 혁신이 이루어지고 있다.[129]

③ 조직(Organizations)

혁신은 종종 (a) 집단적 혁신 결정과 (b) 권위적 혁신 결정이라는 두 가지 유형의 혁신 결정을 통해 조직에 의해 채택된다. 집단적 혁신 결정은 채택이 합의에 의해 이루어진다. 권위에 의한 채택결정은 조직 내에서 권한이 높은 소수의 사람들 사이에서 채택함으로써 발생한다.[130]

선택적 혁신 결정 프로세스와 달리 이러한 결정 프로세스는 조직 또는 계층 그룹 내에서만 발생한다. 조직 내에서 특정 개인은 "챔피언"이라고 하는데 그는 혁신의 배후에서 혁신을 지지하고 반대를 돌파한다. 이 챔피언은 효율성 비즈니스 모델인 식스시그마(Six Sigma)에서 사용되는 챔피언과 매우 유사한 역할을 한다. 이 프로세스에는 개인이 수행하는 혁신 결정 프로세스와 약간 유사한 5단계가 있다. 이러한 단계는 (a) 의제 설정, (b) 일치, (c)재정의/구조조정, (d) 명확화 및 (e) 일상화(관례화)이다.

〈심화학습 2.2〉 식스 시그마(six sigma)

“식스 시그마는 품질혁신과 고객만족을 달성하기 위해 전사적으로 실행하는 21세기형 기업경영 전략을 말한다. 구체적으로 시그마(sigma: σ)라는 통계척도를 사용하여 모든 품질수준을 정량적으로 평가하고, 문제해결 과정과 전문가 양성 등의 효율적인 품질문화를 조성하며, 품질혁신과 고객만족을 달성하기 위해 전사적으로 실행하는 21세기형 기업경영 전략이다. 1980년대 말 미국의 모토롤라(Motorola)에서 품질혁신 운동으로 시작된 이후 GE(General Electric)·TI(Texas Instruments)·소니(Sony) 등 세계적인 초우량기업들이 채택함으로써 널리 알려지게 되었다. 국내에서도 삼성그룹·LG그룹·한국중공업 등에서 도입하여 품질혁신에 성공함으로써 많은 기업들이 도입에 적극적인 관심을 보이고 있다.

6시그마는 다음 3가지로 설명된다. ①통계적 척도로서 모든 프로세스(process : 제조·사무·서비스 등의 업무에서 활동을 수행하는 시스템)의 품질수준이 6σ를 달성하여 불량률을 3.4PPM(parts per million: 제품 백만 개당 불량품수) 또는 결함 발생수 3.4DPMO(defects per million opportunities) 이하로 하고자 하는 기업의 품질경영 전략이다. ②효율적인 품질문화 정착을 위한 기업의 경영철학으로서 종업원들의 일하는 자세·생각하는 습관·품질 등을 중요시하는 올바른 기업문화의 조성을 의미한다. 여기서 효율적이란 주어진 여건 아래서 통계자료에 근거하여 최대의 효과를 올릴 수 있도록 지혜롭게 일하는 것을 뜻한다. 올바른 품질문화란 끊임없는 품질개선 노력을 통해 고객 요구에 맞는 품질의 제품을 경제적으로 설계·생산·서비스하기 위한 기업문화이다. ③품질경영을 위한 기업전략으로서 모든 프로세스는 6σ라는 품질수준의 목표를 가지고 있으며, 혁신적인 품질개선이 요구된다. 따라서 품질이 향상되고 비용이 절감되어 고객만족과 회사 발전이 실현된다.

6시그마 운동을 효과적으로 추진하기 위해 고객만족의 관점에서 출발하여 프로세스의 문제를 찾아 통계적 사고로 문제를 해결하는 품질개선 작업과정을 '측정(measurement) · 분석(analysis) · 개선(improvement) · 관리(control)' 4단계로 나누어 실시하고 있는데, 첫글자를 따서 'MAIC'라고 부른다. 우선 측정과 분석을 통해 제품의 문제점을 찾아내고, 문제해결방법을 제시하여 실제로 개선작업을 실행한다. 마지막으로 이 과정을 제어 · 감시하여 품질의 개선상태를 유지하는 것이다.

높은 품질수준을 확보하고 유지할 수 있는 혁신적이고 과학적인 기준을 제공하여 고객을 만족시키고 기업경영의 탁월성을 이루고자 하는 6시그마 운동의 궁극적인 목표는 품질개선 운동에 전 종업원이 참여하는 것은 물론 사무 부분을 포함한 모든 프로세스의 질을 높이고 업무 비용을 획기적으로 절감하여 경쟁력을 향상시킴으로써 세계 최고의 기업이 되는 것이다."

(출처 : www.naver.com 네이버 지식백과, 2020.1.15.검색)

7. 혁신의 측정

혁신을 측정하는 것은 본질적으로 비교 가능성을 암시하여 정량적인 용어로 비교할 수 있어야 하므로 어렵다. 그러나 혁신은 정의상 참신한 것이다. 따라서 비교는 종종 제품이나 서비스간의 비교에서는 의미가 없다.[131] 그럼에도 불구하고 Edison 등은[132] 혁신 관리에 관한 문헌을 검토한 결과 232개의 혁신 지표를 발견하였다. 그들은 이 지표를 5개의 차원으로 분류했다. 즉, (a)혁신 프로세스에 대한 입력(input), (b) 혁신 프로세스로부터의 산출(output), (c)혁신 신출의 효과(effect), (d) 혁신 프로세스의 활동에 대한 접근성 및 그러한 프로세스를 용이하게 하는 요인의 (e)이용 가능성[133] 등이 그것이다.

혁신에 대한 측정에는 조직적 수준과 정치적 수준의 두 가지 유형이 있다.

1) 조직적 수준(Organizational level)의 혁신 측정

조직 수준의 혁신 측정은 개인, 팀 수준 평가 및 소규모에서 대규모에 이르는 사기업과 관련이 있다.

조직의 혁신 측정은 설문조사, 워크샵, 컨설턴트 또는 내부 벤치마킹으로 수행할 수 있다. 오늘날 조직의 혁신을 측정하는 일반적인 방법은 없다.

기업에 대한 측정은 일반적으로 재무, 혁신 프로세스 효율성, 직원의 기여 및 동기 부여, 고객에 대한 혜택과 관련된 비즈니스 측정과 같은 혁신의 여러 측면을 포괄하는 균형 성과표(balanced scorecards)를 중심으로 구성된다.

측정된 값은 신제품에서 들어오는 수입, R & D 지출, 시장 출시 시간, 고객 및 직원 인식 및 만족도, 특허 수, 과거 혁신으로 인한 추가 판매고 등을 포함하여 비즈니스마다 크게 다르다.[134]

2) 정치적 수준(Political level)의 혁신 측정

정치적 차원에서 혁신 측정은 혁신을 통해 국가 또는 지역의 경쟁 우위에 보다 중점을 둔다. 이러한 맥락에서 유럽의 품질 관리 재단(the European Foundation for Quality Management)과 같은 다양한 평가 프레임 워크를 통해 조직의 역량을 평가할 수 있다. OECD Oslo Manual(1992)은 기술 제품 및 프로세서 혁신 측정에 대한 표준 지침을 제시한다. 어떤 사람들은 1963년부터 Frascati 매뉴얼을 보완하는 오슬로 매뉴얼을 고려한다. 2018년의 새로운 오슬로 매뉴얼은 혁신에 대한 더 넓은 관점을 취하며 마케팅 및 조직 혁신을 포함한다. 이러한 표준은 예를 들어 유럽 공동체 혁신 설문 조사에 사용된다.[135]

〈심화연구 2.3〉 Frascati 매뉴얼

Frascati 매뉴얼은 40여 년 전에 최초로 발간되었으며, 연구개발(Research and experimental Development : R&D)에 투입된 인적, 재정적 자원, 즉 연구개발 '투입(input)'으로 불리는 데이터의 측정을 다루고 있다. 1963년 6월 OECD는 연구개발(R&D) 통계 관련 각국 전문가들과 함께 이탈리아 프라스카티의 빌라 팔치오네리(Villa Falcioneri)에서 회의를 개최하였다. 이 회의의 결과물은 이후 프라스카티 매뉴얼(Frascati Manual)로 더욱 잘 알려진 '연구개발 조사를 위한 표준지침(Proposed Standard Practice for Surveys of Research and Development)'의 첫 번째 공식 발간물이었다. 현재까지는 프라스카티 매뉴얼의 제6판이 출판되었다. 프라스카티 매뉴얼에 기초한 조사가 체계적으로 발전한 오늘날의 연구개발 통계는 이제 OECD 회원국가 내에서 통계 체계의 한 부분을 구성한다. 기본적으로 매뉴얼은 기술적인(technical) 문서이지만 국가혁신시스템을 분석함으로써 과학기술이 수행하는 역할을 보다 잘 이해하기 위한 OECD 노력의 근간을 이룬다. 나아가 본 매뉴얼은 국제적으로 인정되는 연구개발의 정의와 그 하부 행위들에 대한 분류체계를 제공함으로써 과학기술정책의 '모범사례(best practices)'에 관한 국가 간 토론에 기여한다. 프라스카티 매뉴얼은 OECD 회원국만의 연구개발 조사에 대한 표준이 아니다. 본 매뉴얼은 OECD, UNESCO, 유럽연합 및 다양한 지역단위 기구들이 공동 작업한 산물로 전 세계 연구개발 조사의 표준이 되어 왔다.

(출처 : OECD, KISTEP(2002). 프라스카티메뉴얼, 연구개발조사 표준지침. OECD.

혁신을 측정하는 다른 방법으로는 전통적으로 RND(연구개발) 투자가 GNP(Gross National Product)의 어느 정도 인지를 백분율로 측정하는 방법이 있었다. 이것이 혁신에 대한 훌륭한 측정인지 여부는 널리 논의되었으며 Oslo Manual은 초기 측정 방법에 대한 비판을 통합했다. 전통적인 측정 방법은 여전히 많은 정책 결정에 영향을 준다. EU 리스본 전략은 R & D에 대한 평균 지출이 GDP의 3%가 되도록 목표로 설정했다.[136]

3) 혁신의 지표(Indicators)

많은 학자들은 "과학 및 기술 모드"(S & T 모드 또는 STI 모드)에 대한 큰 편견이 있다고 주장하는데, "작업, 사용 및 상호 작용 모드에 의한 학습"(DUI 모드)은 무시되고 측정 및 연구는 거의 이루어지지 않았다. 예를 들어, 연구소는 최신 장비와 첨단 기술을 가진 기관일 수 있지만 혁신에 중요한 작업을 수행, 사용 및 상호 작용하는 데 중요한 요소가 부족하다는 점이다.

경험적 증거에 의해 뒷받침되지는 않지만, 업계의 일반적인 견해는 비교 비용 효율성 연구는 가격 제어의 한 형태로 산업에 대한 수익을 줄이고 따라서 R & D 지출을 제한하고 미래의 혁신을 방해하며 시장에 대한 신제품의 접근을 방해한다는 것이다.[137]

일부 학자들은 비용 효율성 연구가 자유 시장 메커니즘보다 "실질적으로"치료 개선(즉, "건강 증진"제공)을 높이는 귀중한 가치 기반 혁신 수단이라고 주장한다.[138] 이러한 가치에 근거한 가격은 공공의 지갑에서 보상을 받아야 하는 혁신의 유형을 산업에 알리는 수단(지표)으로 여겨져 왔다.[139]

호주의 한 학계는 국가 간 비교 비용 효율성 분석 시스템이 경쟁 시장을 통한 가치 평가와는 별개로 혁신을 평가하기 위한 증거 기반 정책 개념인 "건강 혁신"을 측정하는 지표로 간주해야 한다고 주장했다.[140]

4) 혁신의 측정지수

혁신의 여러 측정지수는 다음과 같이 혁신을 측정하고 이러한 조치를 기반으로 혁신의 실체를 평가하려고 시도한다. 여기서는 지면상 지수의 상세내용은 생략하고 목록만 소개한다.

▷ 블룸버그 혁신 지수

▷ "Bogota Manual"[141]은 오슬로 매뉴얼과 유사, 라틴 아메리카 및 카리브해 연안 국가에 중점

▷ Creative Class(Richard Florida가 개발)

▷ EIU Innovation Ranking

▷ Global Competitiveness Report

▷ Global Innovation Index(GII)[142]

▷ Information Technology and Innovation Foundation(ITIF) Index

▷ Innovation 360－세계은행에서 여러 공개 소스에서 혁신 지표 등을 집계

▷ Innovation Capacity Index(ICI), 많은 국제 교수들이 공동 작업

출판

▷ Innovation Index, 인디애나 비즈니스 리서치 센터가 개발, 미국의 군 단위 또는 주의 혁신 역량 측정[143]

▷ Innovation Union Scoreboard

▷ innovationsindikator for Germany, 2005년 독일 산업 연합(Bundesverband der Deutschen Industrie)에 의해 개발

▷ INSEAD Innovation Efficacy Index[144]

▷ International Innovation Index, Boston Consulting Group, NAM(National Association of Manufacturers) 및 비 당사 연구소인 The Manufacturing Institute가 공동으로 생산한 제품은 한 국가의 혁신 수준을 측정하는 세계적인 지수로, NAM은 이를 "가장 크고 포괄적인 글로벌 지수"라고 설명한다.

▷ Management Innovation Index－조직의 창의성의 무형 관리 모델 : 경영 혁신 지수[145]

▷ NYCEDC Innovation Index, 뉴욕시의 경제개발 기관은 뉴욕시의 "첨단 혁신 센터로의 전환을 추적하도록 도시의 과학 및 기술 산업의 혁신을 측정하고 도시 경제에 대한 혁신의 영향을 포착하도록 설계되었다.[146]

▷ OECD Oslo Manual, OECD 의 Frascati 매뉴얼 보완 판

▷ State Technology and Science Index, Milken Institute에서 개발한 주요 구성 요소를 기반으로 고임금 일자리를 제공하는 과학 및 기술 기능을 측정하는 미국 전역의 벤치 마크로 세계 경쟁력 점수지표임.[147]

8. 국가별 혁신의 순위

많은 연구 연구에서 혁신 척도를 기준으로 국가 순위를 매기려고 시도한다. 주요 초점 분야는 첨단 회사, 제조, 특허, 중등이후 교육, 연구 개발 및 연구 인력이다. 아래 상위 10개 국가의 왼쪽 순위는 2016년 Bloomberg Innovation Index를 기준으로 한다.[148] 그러나 연구는 매우 다양할 수 있다. 예를 들어 2019년 글로벌 이노베이션 지수(Global Innovation Index 2019)는 스위스를 1위에 두었으나 한국, 일본과 같은 국가가 10위권에 들지도 못했다.[149]

반면 블룸버그 혁신지수(2019)는 한국을 1위에 두었다. 한편 혁신 지표2018은 한국을 10위권으로 평가했다.

Bloomberg Innovation Index 2019

Rank	Country/Territory	Index
1	South Korea	87.38
2	Germany	87.3
3	Finland	85.57
4	Switzerland	85.49
5	Israel	84.78
6	Singapore	84.49
7	Sweden	84.15
8	United States	83.21
9	Japan	81.40
10	France	81.67

Global Innovation Index 2019

Rank	Country/Territory	Index
1	Switzerland	67.24
2	Sweden	63.65
3	United States	61.73
4	Netherlands	61.44
5	United Kingdom	61.30
6	Finland	59.83
7	Denmark	58.44
8	Singapore	58.37
9	Germany	58.19
10	Israel	57.43

Innovation Indicator 2018

Rank	Country/Territory	Index
1	Singapore	73
2	Switzerland	72
3	Belgium	59
4	Germany	55
5	Sweden	54
6	United States	52
7	United Kingdom	52
8	Denmark	51
9	Ireland	51
10	South Korea	51

자료 : ① 블룸버그 혁신지수(2019) : kex Data Findings Bloomberg Innovation Index, published by datawrapper, ② 글로벌혁신지수(2019) : Global Innovation Index Report 2019" Published by GII, ③ 혁신지표(2018) : "Innovation Indicator 2018, PDF 2,7 MB" Published by the BDI and ZEW

〈그림 2.9〉 혁신의 국가별 순위

9. 요약 및 결론

이번 장은 변화와 혁신의 의미 및 그 실체에 대하여 살펴보았다. 변화는 중립적 의미를 가지고 혁신은 가치를 가진 창의적 변화의 의미를 가지고 있다는 견해에서 점차로 두 개념은 혼용되고 있고 어떤 의미에서는 용법에 따라 변화와 혁신은 같은 개념으로 쓰일 수 있음을 보았다. 우리가 추구하는 변화나 혁신은 긍정적이고 진보하는 의미의 가치가 개입된 견지에서 바람직한 비전아래 추구하는 유익하고 목표달성에 도움이 되는 열린사회의 현상이다. 변화의 연구는 60-80년대 미국을 중심을 번영하였고 최신이론은 계획된 변화를 만드는 Azjen과 Fishbein의 행동과학 이론까지 개발되고 있다. 마지막으로 변화에 대한 이론의 학습은 변화관리의 필요성과 방법에 대해 살펴보았다.

뒤이어 변화의 개념과 별개로 혁신의 의미를 정의, 다양한 학제 간 의견, 혁신의 확산, 혁신의 측정과 국제적 순위 등을 살펴보았다. 특히 혁신의 확산 부분에서는 에버렛 로저스의 혁신의 확산모델을 중심으로 혁신이 전파되는 생애주기를 살펴보면서, 확산의 요소, 확산의 과정, 채택의 5단계, 실패한 확산, 확산과 사회시스템의 역할 등을 비중있게 검토하였다. 제1장에 이어 이번 장에서는 학습자의 인지와 두뇌를 변화와 혁신의 의미와 내용에 충분히 적셔서 다음 장의 변화와 혁신의 리더십을 가져오는 전략 등을 학습할 때 충분한 동력원이 되도록 준비하였다.

다음 장에서는 변혁적 리더십을 위한 전제조건, 문제, 비전, 미션, 공감, 성공, 혁신 DNA 구축 등 사례를 중심으로 실천적인 내용을 학습한다.

≪연구문제≫

1. 변화와 혁신의 차이는 무엇인가. 구분의 실익은?
2. 변화와 혁신의 장애요인에 대하여 아는 대로 설명하여 보자.
3. 혁신의 확산모델에 대하여 설명하여 보자?
4. 혁신의 확산 3요소를 설명하라
5. 혁신의 확산과정 5단계를 설명하여 보자.

참고문헌

1) http: //www.kado.net/?mod=news&act=articleView&idxno=971954&page=9&total=24658 (2020.1.14 검색, 강원도민일보 2020.1.14.).
2) http: //www.kado.net/?mod=news&act=articleView&idxno=971954&page=9&total=24658 (2020.1.14 검색, 강원도민일보 2020.1.14.).
3) http: //magazine.hankyung.com/apps/news?popup=0&nid=0&nkey=2006090400445214511&m ode=sub_view ,(2020.1.10.검색).
4) https: //www.mk.co.kr/news/home/view/2007/04/176733/(2020.1.10검색).
5) Popper, Karl; Ryan, Alan; Gombrich, E. H. (2013). The Open Society and Its Enemies. Princeton and Oxford : Princeton.
6) Rogers, E. M. (1962). Diffusion of innovation. NY : The Free Press of Glencoe.
7) Hall, G. E. & Loucks, S. F. (1981). The concept of innovation configurations : An approach to addressing program adaptation. Paper presented at the annual meeting of the American Educational Research Association, Los Angeles.
8) Loucks, S., & Lieberman, A. (1983). Curriculum implementation. In F. English (Ed.), Fundamental curriculum decisions. Virginia : Association for Supervision and Curriculum Development.
9) Carter, D. S. G. (1986). A Study of teaching process and curriculum implementation in social studies classroom. Unpublished Doctoral thesis. University of Western Australia, Australia.
10) Fullan, M. (1981). The relationship between evaluation and implementation. In A. Lewy & D. Nevo (Eds.), Evaluation Roles in Education (pp.309-340). New York : Gordon & Breach.
11) Heck, S., & Goldstein, M. (1980). Structured and unstructured approaches to implementation : Whom does the shoe fit? Paper presented at the annual meeting of the American Educational Research Association, Boston.
12) Chin, R. (1967). Basic strategies and procedures for effecting change. In E. L. Morphet & C. O. Ryan (Eds.), Designing education for the future No.3 (pp.1-328). New York : Citation Press.
13) MacGuire, L.M. (1970). Observation and analysis of the literature on change. Philadelphia Pennsylvania : Research for Better Schools.
14) Chin, R., & Benne, K.D. (1969). General Strategies for Effecting Change in Human Systems. In : W.G. Bennis, The Planning of Change, (Ed.). New York : Holt,

Rinehart & Winston.

15) Chin, R. (1967). Basic strategies and procedures for effecting change. In E. L. Morphet & C. O. Ryan (Eds.), Designing education for the future No.3 (pp.1-328). New York : Citation Press.

16) MacGuire, L.M. (1970). Observation and analysis of the literature on change. Philadelphia Pennsylvania : Research for Better Schools.

17) Clarke, D. L., & Guba, E. G. (1965). An examination of potential change roles in education. Paper presented at the symposium of innovation and planning school curricula, Airlie House, Virginia.

18) Rogers, E. M., & Shoemaker, F. F. (1971). Communication of innovations : A cross cultural approach. New York : The Free Press of Glencoe Inc.

19) Bennis, W., Benne, K. D., & Chin, R. (1969). The planning of change (2nd Ed.). New York : Holt, Rinehart & Winston.

20) Havelock, R. G. (1973). Planning for innovation-through dissemination and utilization of knowledge. Institute for Social Research (4thEd.). University of Michigan.

21) Glaser, E. M. (1973). Knowledge transfer and institutional change. Professional Psychology, 4(4), 434-444.

22) Berman, P., & McLaughlin, M. W. (1980). Factors affecting the process of change. In M. M. Milstein (Ed.), Schools, conflict and change (pp.57-71). Columbia University, New York : Teachers' College Press.

23) Zaltman, G., Florio, D., & Sikorski, L. (1977). Dynamic educational change, models, strategies, tactics, and management. London : Collier Macmillan Publisher.

24) Lippit, R.O.(1974). Identifying, Documenting, Evaluating and Sharing Innovative Classroom Practices. Final Report to the Office of Education. HEW.

25) Sarason, S.B. (1971). The Culture of the School and the Problem of Change. Boston : Allyn & Bacon.

26) Revicki, D., & Rubin, R. (1981). Models for measuring implementation : A review and a critique. Journal of Curriculum Studies, 13(1), 65-67.

27) Alkin, M. (1961). Evaluation theory development. Evaluation Comment, 2(1), 2-7.

28) Stallings, J. A. (1975). A study of implementation in seven follow through educational models. Paper presented at the conference on research on teacher effects : An examination by policy-makers and researchers, Austin, Texas.

29) National Institute of Mental Health. (NIMH, 1971). Planning for creative change

in mental health services : A manual on research utilization. Maryland : NIMH.
30) Hall, G. E., Loucks, S. F., Rutherford, W. L., & Newlove, B.W. (1975). Levels of use of the innovation : A framework for analysing innovation adoption. Journal of Teacher Education, 26(1), 52-56.
31) Churchman, D. (1979). A new approach to evaluating the implementation of innovative educational programs. Educational Technology, 19(5), 25-29.
32) Newfield, J. (1980). Self-report and matrix sampling : A method of measuring fidelity of implementation. Studies in Educational Evaluation, 6, 149-155.
33) Ajzen, I., & Fishbein, M. (1975). Belief, attitude, intention, and behavior : An introduction to theory and research. Reading, Mass : Don Mills.
34) Ajzen, I., & Fishbein, M. (1980). Understanding attitudes and predicting social behaviour. NJ : Prentice-Hall.
35) 이러한 측정은 다음과 같이 표현된다 : 나쁨~좋은, 불필요한-필요한 … CDC(Center for Disease Control).(1993).Baseline female questionnaire, Project respect. Annotated Atlanta, GA : Project Respect Group.
36) Eagly, A. H., & Chaiken, S. (1993). The psychology of attitudes. Orlando, FL : Harcourt Brace.
37) Ajzen, I. (1985). From intentions to actions of planned behavior. In J. Kuhl & J. Bechman (Eds.), Action control : From cognition to behavior (pp. 11-39). New York : Spring-Verlag.
38) Ajzen, I., & Driver, B. L. (1992). Application of the theory of planned behavior to leisure choice. Journal of Leisure Research, 24, 207-224.
39) Ajzen, I., & Madden, T. J. (1986). Prediction of goal-directed behavior : Attitudes, intentions, and perceived behavioral control. Journal of Experimental Social Psychology, 22, 453-474.
40) Ajzen, I., & Madden, T. J. (1986). Prediction of goal-directed behavior : Attitudes, intentions, and perceived behavioral control. Journal of Experimental Social Psychology, 22, 453-474.
41) Eagly, A. H., & Chaiken, S. (1993). The psychology of attitudes. Orlando, FL : Harcourt Brace.
42) Francis, J. J., Eccles, M. P., Johnston, M., Walker, A., Grimshaw, J., Foy, R., Kaner, E. F. S., Smith, L., & Bonetti, D. (2004a). Constructing questionnaire based on the theory of planned behaviour : a manual for health services researchers. UK : Centre for Health service research, University of Newcastle.

43) https: //www.clearspider.com/blog-importance-change-management/(2020.1.9 검색).

44) https: //www.clearspider.com/blog-importance-change-management.

45) https: //www.liquidplanner.com/blog/why-is-organizational-change-so-hard.

46) "Innovation". Merriam-webster.com. Merriam-Webster. (2020.1.14. 검색).

47) Maranville, S. (1992). "Entrepreneurship in the Business Curriculum". Journal of Education for Business. 68 : 27-31. doi: 10.1080/08832323.1992.10117582.

48) Frankelius, Per (2009). "Questioning two myths in innovation literature". The Journal of High Technology Management Research. 20 : 40-51.

49) Bhasin, Kim (2 April 2012). "This Is The Difference Between 'Invention' And 'Innovation'". Business Insider.

50) OECD. (2010). Consumer Policy Toolkit. Organisation for Economic Co-operation and Development. 2010. doi: 10.1787/9789264079663-en.

51) Mazzaferro, Alexander (2018). ""Such a Murmur" : Innovation, Rebellion, and Sovereignty in William Strachey's "True Reportory"". Early American Literature. 53 (1) : 3-32.

52) Edison, H., Ali, N.B., & Torkar, R. (2014). Towards innovation measurement in the software industry. Journal of Systems and Software 86(5), 1390-407.

53) Kanter, R. M.(1983). The Change Masters. New York, NY: Simon & Schuster.

54) Edison, H., Ali, N.B., & Torkar, R. (2014). Towards innovation measurement in the software industry. Journal of Systems and Software 86(5), 1390-407.

55) Hughes, D. J.; Lee, A.; Tian, A. W.; Newman, A.; Legood, A. (2018). "Leadership, creativity, and innovation : A critical review and practical recommendations". The Leadership Quarterly. 29 (5) : 549-569.

56) Schumpeter, J. A. (1943). Capitalism, Socialism, and Democracy (6 ed.). Routledge. pp. 81-84.

57) Heyne, P., Boettke, P. J., and Prychitko, D. L. (2010). The Economic Way of Thinking. Prentice Hall, 12th ed. pp. 163, 317-18.

58) Michaelides, P.G. & Milios, J.H,(2005). The influence of he German Historial school of Schumpeter. 17th International Conference of the European Association for Evolutionary Political Economy, Bremen Germany 2005.

59) Salge, T. O. & Vera, A. (2012). "Benefiting from Public Sector Innovation : The Moderating Role of Customer and Learning Orientation". Public Administration Review. 72 (4) : 550-559. doi: 10.1111/j.1540-6210.2012.02529.x.

60) West, Michael A. (2002). "Sparkling Fountains or Stagnant Ponds : An Integrative

Model of Creativity and Innovation Implementation in Work Groups". Applied Psychology. 51 (3) : 355-387.

61) "The Discipline of Innovation". Harvard Business Review. August 2002.(2020.1.15. 검색).

62) MIT Sloan Management Review Spring 2002. "How to identify and build New Businesses"

63) Anthony, Scott D.; Johnson, Mark W.; Sinfield, Joseph V.; Altman, Elizabeth J. (2008). Innovator's Guide to Growth. "Putting Disruptive Innovation to Work". Harvard Business School Press.

64) 붕괴(와해, disruption)는 변경에서 주류에 이르는 제품이나 서비스가 아닌 프로세스다. 저가형 (낮은 고객) 또는 새로운 시장 (존재하지 않은)의 발판에서 시작한 새로운 회사는 품질이 표준을 따라 잡을 때까지 주류 고객을 사로잡지 않는다. 성공은 필수 조건이 아니며 일부 비즈니스는 파괴적이지만 실패할 수 있는데 새로운 회사의 비즈니스 모델은 기존 기업과 크게 다르다.

65) Iansiti, Marco; Lakhani, Karim R. (January2017). "The Truth About Blockchain". Harvard Business Review. Harvard University.

66) ibid.

67) Perez, T. and Rushing R. (2007). "The CitiStat Model : How Data-Driven Government Can Increase Efficiency and Effectiveness". Center for American Progress Report. pp. 1-18.

68) Transportation Research Board (2007). "Transit Cooperative Research Program (TCRP) Synthesis 70 : Mobile Data Terminals". pp. 1-5. TCRP.

69) "The Discipline of Innovation". Harvard Business Review. August 2002.(2020.1.15. 검색).

70) Rubin, H. T. (2015). "The Achilles heel of a strong private knowledge sector : evidence from Israel" (PDF). The Journal of Innovation Impact. 7 (1) : 80-99.

71) Von Hippel, Eric (1988). The Sources of Innovation (PDF). Oxford University Press.

72) Engelberger, J. F. (1982). "Robotics in practice : Future capabilities". Electronic Servicing & Technology magazine.

73) Kline (1985). Research, Invention, Innovation and Production : Models and Reality, Report INN-1, March 1985, Mechanical Engineering Department, Stanford University.

74) ibid.

75) Kline, S.J. & N. Rosenberg (1986). "An overview of innovation." In R. Landau & N. Rosenberg (eds.), The Positive Sum Strategy : Harnessing Technology for Economic Growth. Washington, D.C. : National Academy Press, pp. 275-305.

76) Salisbury, David F., "Memorial for Stephen Kline; engineer, interdisciplinary thinker," news release, Stanford University, October 27, 1997.

77) Cara a, Jo o, Bengt- ke Lundvall, and Sandro Mendon a (2009). "The changing role of science in the innovation process : From Queen to Cinderella?" Technological Forecasting & Social Change 76, 861-867.

78) Mark, M., Katz, B., Rahman, S., & Warren, D. (2008) MetroPolicy : Shaping A New Federal Partnership for a Metropolitan Nation. Brookings Institution : Metropolitan Policy Program Report. pp. 4-103.

79) Dubickis, M., Gaile-Sarkane, E. (2015). "Perspectives on Innovation and Technology Transfer". Procedia-Social and Behavioral Sciences. 213 : 965-970. doi: 10.1016/j.sbspro.2015.11.512.

80) New Trends in Innovation Management". Forbesindia.com. Forbes India Magazine. (2020.1.14., 검색).

81) ShipIt Days". https: //www.atlassian.com/company(2020.1.14 검색).

82) www.wiki.com.

83) Tuomi, I. (2002). Networks of Innovation. Oxford University Press. Networks of Innovation.

84) ibid.

85) Forget The 10,000-Hour Rule; Edison, Bezos, & Zuckerberg Follow The 10,000-Experiment Rule. Medium.com (2020.1.14. 검색).

86) Why These Tech Companies Keep Running Thousands Of Failed Experiments. Fastcompany.com (2020.1.14. 검색).

87) Simulation Advantage. Bcgperspectives.com (20120.1.14 검색).

88) Why These Tech Companies Keep Running Thousands Of Failed Experiments. Fastcompany.com (2020.1.14. 검색).

89) Davila, T., Epstein, M. J., and Shelton, R. (2006). "Making Innovation Work : How to Manage It, Measure It, and Profit from It." Upper Saddle River : Wharton School Publishing.

90) Khan, A.M. & Manopichetwattana, V. (1989). "Innovative and Noninnovative Small Firms : Types and Characteristics". Management Science. 35 (5) : 597-606.

91) Khan, Arshad M.; Manopichetwattana, V. (1989). "Innovative and Noninnovative

Small Firms : Types and Characteristics". Management Science. 35 (5) : 597-606.

92) O'Sullivan, David (2002). "Framework for Managing Development in the Networked Organisations". Journal of Computers in Industry. 47 (1) : 77-88.

93) Tarde, G. (1903). The laws of imitation (E. Clews Parsons, Trans.). New York : H. Holt & Co.

94) Rogers, E. M. (1962). Diffusion of Innovation. New York, NY : Free Press.

95) Rogers, Everett (16 August 2003). Diffusion of Innovations, 5th Edition. Simon and Schuster.

96) Rogers 1962, p. 150.

97) Valente, T.; Rogers, E. (1995). "The Origins and Development of the Diffusion of Innovations Paradigm as an Example of Scientific Growth". Science Communication. 16 (3) : 242-273.

98) Ryan, B.; Gross, N. (1943). "The diffusion of hybrid seed corn in two Iowa communities". Rural Sociology. 8 (1).

99) Mascia, M. B.; Mills, M. (2018). "When conservation goes viral : The diffusion of innovative biodiversity conservation policies and practices". Conservation Letters. 11 (3).

100) Greenhalgh, T.; Robert, G.; Macfarlane, F.; Bate, P.; Kyriakidou, O.; Peacock, R. (2005). "Storylines of Research in Diffusion of Innovation : A Meta-narrative Approach to Systematic Review". Social Science & Medicine. 61 (2) : 417-430.

101) Berwick, DM. (2003). "Disseminate Innovations in Health Care". The Journal of the American Medical Association. 289 (15) : 1969-1975. doi: 10.1001/jama.289.15.1969. PMID 12697800.

102) Pemberton, H. Earl (1936). "The Curve of Culture Diffusion Rate". American Sociological Review. 1 (4) : 547-556. doi: 10.2307/2084831. JSTOR 2084831.

103) Rogers 1962, p. 83.

104) Rogers, E.; Shoemaker, F. (1971). Communication of innovations : a cross-cultural approach. Free Press.

105) Rogers 1983, p. 11.

106) Meyer, G. (2004). "Diffusion Methodology : Time to Innovate?". Journal of Health Communication : International Perspectives. 9 (S1) : 59-69.

107) Rogers 1983, p. 17.

108) Ghoshal, DS.; Bartlett, C. (1988). "Creation, Adoption and Diffusion of Innovations by Subsidiaries of Multinational Corporations". The Journal of International

Business Studies. 19 (3) : 372. doi: 10.1057/palgrave.jibs.8490388.

109) Rogers 1983, p. 21, 23.

110) surfactants 표면 활성제(surface-active agent). 표면 활성제라고도 한다. 확산을 잘 되게 하는 윤활제 같은 것을 의미, 비누는 그 대표적인 것으로, 비눗물의 표면장력은 물에 비하여 훨씬 작다. 이것은 비누가 물의 표면에 모여 표면을 되도록 넓게 하려고 하기 때문인 것으로 알려져 있다. 비누가 물의 표면에 잘 모이는 성질은, 비누의 분자(예를 들면, 스테아르산나트륨) 속에 긴 사슬 모양의 알킬기(基)와 같은 친유성(親油性)의 기와 카복시기와 같은 친수성의 기가 들어있어, 친유성의 기는 물의 반발을 받아 표면으로 가기 때문에 생긴다. [네이버 지식백과]

111) Strang, D.; Soule, Sarah (1998). "Diffusion in Organizations and Social Movements : From Hybrid Corn to Poison Pills". Annual Review of Sociology. 24 : 265-290.

112) Rogers 1983, p. 24.

113) Rogers 1962, p. 79.

114) Newell, S. (2001). "Management Fads and Fashions". Organization. 8 (1) : 5-15.

115) Rogers 1962, p. 83.

116) Fisher, J.C. (1971). "A simple substitution model of technological change". Technological Forecasting and Social Change. 3 : 75-88.

117) Rogers 1962, p. 150.

118) Rogers 1962, p. 283.

119) Gibbons, D (2004). "Network Structure and Innovation Ambiguity Effects on Diffusion in Dynamic Organizational Fields" (PDF). The Academy of Management Journal. 47 (6) : 938-951.

120) Rogers, E (1995). Diffusion of Innovations. New York : Free Press.

121) Katz, Elihu; Lazarsfeld, Paul (1970). Personal Influence, the Part Played by People in the Flow of Mass Communications. Transaction Publishers.

122) Rogers 1962, p. 219.

123) Radford, Scott K. (2011). "Linking Innovation to Design : Consumer Responses to Visual Product Newness". Journal of Product Innovation Management. 28 (s1) : 208-220.

124) Carroll, N. (2014). Actor-Network Theory : A Bureaucratic View of Public Service Innovation, Chapter 7, Technological Advancements and the Impact of Actor-Network Theory, pp. 115-144, Publisher IGI Global, Hershey, PA.

125) Economic policy making in evolutionary perspective Archived 2011-09-20 at the Wayback Machine, by Ulrich Witt, Max-Planck-Institute for Research into Economic Systems.

126) 강준만(2014). 공공 선택 이론(www.naver.com, 2020.1.15. 검색).

127) Rogers 1962, p. 79.

128) Valente, T. W. (1996). "Social network thresholds in the diffusion of innovations". Social Networks. 18 : 69-89.

129) Wear, Andrew (2008). "Innovation and community strength in Provincial Victoria" (PDF). Australasian Journal of Regional Studies. 14 (2) : 195.

130) Rogers 2003, p. 403.

131) Fagerberg, Jan., Mowery, David C., Nelson, Richard R.(2005). The Oxford handbook of innovation. Oxford : Oxford University Press.

132) Edison, H.; Ali, N.B.; Torkar, R. (2013). "Towards innovation measurement in the software industry". Journal of Systems and Software. 86 (5) : 1390-1407.

133) ibid.

134) Davila, Tony; Marc J. Epstein and Robert Shelton (2006). Making Innovation Work : How to Manage It, Measure It, and Profit from It. Upper Saddle River : Wharton School Publishing.

135) OECD The Measurement of Scientific and Technological Activities. Proposed Guidelines for Collecting and Interpreting Technological Innovation Data. Oslo Manual. 2nd edition, DSTI, OECD / European Commission Eurostat, Paris 31 December 1995.

136) Industrial innovation-Enterprise and Industry". Ec.europa.eu. Archived from the original on 27 August 2011. (2020.1.15.검색).

137) Chalkidou, K.; Tunis, S.; Lopert, R.; Rochaix, L.; Sawicki, P. T.; Nasser, M.; Xerri, B. (2009). "Comparative effectiveness research and evidence-based health policy : Experience from four countries". The Milbank Quarterly. 87 (2) : 339-67.

138) Roughead, E.; Lopert, R.; Sansom, L. (2007). "Prices for innovative pharmaceutical products that provide health gain : a comparison between Australia and the United States Value". Health. 10 (6) : 514-20.

139) Hughes, B. (2008). "Payers Growing Influence on R&D Decision Making". Nature Reviews Drug Discovery. 7 (11) : 876-78.

140) Faunce, T.; Bai, J.; Nguyen, D. (2010). "Impact of the Australia-US Free Trade Agreement on Australian medicines regulation and prices". Journal of Generic

Medicines. 7 (1) : 18-29.

141) Hern n Jaramillo, Gustavo Lugones, M nica Salazar (March 2001). "Bogota Manual. Standardisation of Indicators of Technological Innovation in Latin American and Caribbean Countries". Iberoamerican Network of Science and Technology Indicators (RICYT) Organisation of American States (OAS) / CYTED PROGRAM COLCIENCIAS/OCYT. p. 87.

142) The INSEAD Global Innovation Index (GII)". INSEAD. 28 October 2013.

143) Tools". Statsamerica.org. (2020.1.15. 검색).

144) The INSEAD Innovation Efficiency Inndex". Technology Review. February 2016.

145) Kerle, Ralph (2013). Model for Managing Intangibility of Organizational Creativity : Management Innovation Index. Encyclopedia of Creativity, Invention, Innovation and Entrepreneurship. pp. 1300-1307.

146) Innovation Index". NYCEDC.com.

147) The World Competitiveness Scoreboard 2014" (PDF). IMD.org. 2014.

148) These Are the World's Most Innovative Economies". Bloomberg.com.(2020.1.15. 검색).

149) Infografik : Schweiz bleibt globaler Innovationsf hrer". Statista Infografiken. Statista (In German).

제3장
자기주도적 변혁의 리더십

1. 변혁적 리더십의 전제
2. 변혁적 리더십 관련문제
3. 변혁의 단계(과정)와 리더십
4. 변화와 혁신의 내적 리더십 팀
5. 요약 및 결론

1. 변혁적 리더십의 전제

앞에서 살펴본 바와 같이 리더십의 역사성 그리고 변화와 혁신의 이론에 대하여 살펴보았다. 변화와 혁신을 위하여 일정한 공식과 같이 정해진 모델이나 방법은 없으며 수많은 이론과 모델은 시대와 학문의 발달에 따라 변화한다. 또한 상황에 따라 구분하여 행하는 리더십은 없으며 또한 유일무이한 최적의 리더십이라는 것도 존재하지 않는 것으로 보인다. 리더십은 리더가 조직이 추구하는 공통적인 목적을 달성하기 위하여 영향을 미치는 행위로 볼 때, 거기에 가치가 개입된 긍정적인 활동으로 보았다. 필자는 그럼에도 불구하고 리더십은 종합적인 활동이지만 맞춤형으로 자기주도적인 지혜가 발휘된 활동이 아닐까 생각한다. 이런 저런 활동을 나누어서 볼게 아니라 종합하고 융합하여 상황에 맞게 그리고 조직의 특성에 맞는 리더십을 구사하여야 한다. 예를 들어 군대조직은 명령 일원화의 목적을 달성하기 위해, 스포츠 업계에서는 팀을 잘 감독하기 위한 리더십, 정치에서의 리더십, 연구소의 혁신제품 개발을 위한 리더십, 최고 경영자의 리더십 등 다양한 상황에서 다양한 활동들이 필요하고 그에 맞는 적합한 리더십이 필요하다. 그런 리더십을 발휘하는데 있어서 필요한 만능적인 배경적인 전제조건을 몇 가지 살펴보자. 필자는 그것을 메타인지, 유교문화의 예(禮), 탈무드적 인간, 자기 주도적 인간, 배려정신을 가져야한다고 생각한다. 하나씩 살펴보자.

1) 메타인지

가. 메타인지능력

메타인지능력[1] 이란 '공부에 대한 공부' 또는 생각에 대한 생각으로 자기가 알고 있는 것을 알고 있는 능력을 말한다. 즉 자신을 객관화하여 볼 수 있는 능력을 말한다. 김동일 외(2016)[2]에 의하면 정보가 범람하는 현대 사회에서 교육 분야의 이슈는 많은 지식들을 기억하는 것보다 수많은 정보들을 다루고 그 과정을 더 효율적으로 만드는 능력인 메타인지적 기술을 발달시키는 방법에 관한 것이다. 메타인지는 학습과 문제 해결의 근본적 요소로 지난 수십 년 동안 학계에서 지속적인 관심을 받아 왔는데, 학생들이 문제 해결에 실패하는 이유는 그들이 갖고 있는 지식이 부족해서가 아니라 효과적으로 문제를 해결하는 능력이 부족해서이며, 성공적으로 문제를 해결하기 위해서는 문제 해결에 필요한 개념이나 기술을 종합적으로 생각하고 활용할 수 있는 메타인지가 필요하다고 주장되었다.

네덜란드 라이덴 대학교의 마르셀 베인만(Marcel Veenman) 교수는 학생들의 성적에 영향을 미치는 요인들을 분석했는데, IQ가 성적에 미치는 영향은 25% 정도였는데 반하여 메타인지가 성적에 미치는 영향은 무려 40%로 나타났음을 보고하고 있다.

메타인지에 대한 이러한 관심은 학생들의 학습에 대한 잠재력이 고정되어 있는 수준이거나 혹은 결정되어 있는 것이 아니기 때문에 적절한 개입을 통해 변화시킬 수 있다는 이론에서 출발한다.[3] Schraw,

Crippen, & Hartley(2006)[4]에 따르면, 오늘날 메타 인지적 능력은 일반적으로 더 깊은 이해를 하는데 영향을 주거나, 개인들을 타인 의존적인 학습에서 자기 주도적인 학습자로 변모시키는 데 도움이 되는 것으로 인식되고 있다.

김동일 외(2016)[5]는 메타인지는 보통 '아는 것과 그 앎에 대하여 알고 있는 것을 아는 것'을 지칭하며, 인지적 과제를 수행하는 데 영향을 줄 수 있는 변인들에 대한 자신의 생각 또는 지식을 말한다. 인지가 어떤 과제를 처리하기 위한 지적 활동이라면 메타인지는 이와 같은 인지활동을 모니터링하는 활동을 의미한다(Flavell, 1979). Brown(1987)은 또한 메타인지는 기존의 인지와 다른 성격을 지닌 새로운 사고의 영역으로 간주되고 있으며, 인지적 지식(knowledge about cognition)과 인지적 조절(monitoring of cognition)로 구분해 볼 수 있다.

① 인지적 지식

인지적 지식은 학습자로서 자기 자신에 대한 지식, 인지에 대한 인식과 활용하는 지식, 전략을 언제, 왜 사용하는 지에 대한 지식을 의미하며,

② 인지적 조절

인지적 조절은 ⓐ계획하기, ⓑ모니터링 혹은 조절하기, 그리고 ⓒ평가하기의 활동을 포함한다. ⓐ계획하기(planning)는 적절한 전략들을 확인하고 선택하며, 자원들을 활용하는 것이며, 목표를 세우고, 배

경 지식들을 활성화하며 시간 조절을 하는 것까지 포함한다. ⓑ모니터링 또는 조절하기(monitoring or regulation)는 주의를 기울이고, 과제 수행과 이해하는 것에 대해 인식하고 있는 상태와 관련 있으며, 자기테스트를 포함할 수 있다. 마지막으로 ⓒ평가하기(evaluation)는 결과물과 자신이 학습을 조절했던 과정을 평가하는 것으로 정의되며, 목표를 다시 한 번 개정하고, 다시 시도해 보는 것까지 포함한다(Schraw, Crippen & Hartley, 2006).

나. 메타인지의 기능

Martinez(2006[6])는 메타인지의 방대한 기능을 세 가지 주요한 범주로 설명한다. ⓐ메타기억과 메타이해(Meta-memory and meta-comprehension), ⓑ문제해결(problem solving), ⓒ비판적 사고(critical thinking)가 그것이다.

ⓐ 메타기억과 메타이해(Meta-memory and meta-comprehension)

메타기억과 메타이해는 '아는 상태에 대한' 스스로의 주관적인 평가를 의미한다. 예를 들어 메타기억은 태양계의 행성들을 태양으로부터 먼 순서대로 이야기 할 수 있냐는 질문에 대해, 스스로 대답할 수 있다고 생각하거나 또는 대답할 수 없다고 평가하는 것을 말한다. 또한 독서를 하면서 스스로 이해를 잘하고 있다고 생각하는지 그렇지 않다고 생각하는 것이 메타이해의 한 예라 할 수 있다. 단 이러한 메타인지적 평가는 부정확할 수도 있다.

ⓑ 문제해결(problem solving)

두 번째 카테고리는 문제 해결로, 문제 해결은 거의 인간만이 독점적으로 갖고 있는 중요한 인지 활동 중의 하나이다. 문제해결은 특히 예측불가능하고 복잡한 사회에서 지속적으로 요구되고 또 연습된다. 문제 해결은 보통 목표에 이르는 방법이 불확실할 때에도 그것을 추구하는 것으로 정의되는데, 이는 무엇을 해야 할지 명확히 알지 못하는 상태에서도 무엇인가를 하는 것을 의미한다. 메타인지는 문제 해결의 과정 속에서 한걸음 뒤로 물러나 목표를 다시 한 번 확인하고, 지금까지 걸어온 경로가 맞았는지 평가하며, 목표를 위해 현재 시점에서 해야 할 다음 것들을 계획하는 중요한 역할을 담당한다.

ⓒ 비판적 사고(critical thinking)

마지막 카테고리는 비판적 사고이다. 비판적 사고는 어떤 것의 질을 위해 생각들을 평가하고, 특히 그것이 말이 되는 것인지 아닌지를 판단 내리는 것이다. 예를 들면, 생각들을 평가할 때 '이 아이디어가 명확히 진술되나? 한 가지 아이디어가 다른 것과 논리적으로 연결되나? 그 주장은 논리적이고 합리적이며, 일관되었나 아니면 그 자체로 모순되어 있거나 또는 보장할 수 없는 추론이나 지지할 수 없는 일반화을 만들어내는가? 과학적인 연구방법들의 기준에 잘 부합하는 근거와 분석에 의해 뒷받침되는가? 등의 질문들을 하게 되는데, 생각에 대한 이러한 평가가 바로 메타 인지적 속성이다.

다. 메타인지와 자기 주도적 학습

홍기칠(2004)[7]에 의하면, 자기 주도적 학습과 자기 조절적 학습은 서로 다른 배경에서 발전되어 왔지만 그 의미에서는 큰 차이가 없다. 왜냐하면 이 두 가지 개념은 학습자를 능동적이며 자율적인 존재로 보며, 두 개념 다 인지조절 전략, 동기조절 전략, 행동조절 전략을 중요한 요인으로 보고 있기 때문이다.

ⓐ 인지조절전략이란 학습의 전략으로 기억방법을 사용하거나 책에 밑줄 긋기 같이 학습효과를 높이는 방법이다.

ⓑ 동기조절전략은 스스로 동기를 부여하는 능력이다. 이와 관련하여 자기 효능감을 예로 들 수 있다. 자기 효능감[8]은 일반적 자기효능감과 특수적 자기 효능감으로 구분할 수 있다. 전자는 전반적인 영역에서 자신의 능력에 대한 믿음을 의미하는 것으로 지속적이고 개인적인 특성으로 볼 수 있는 반면, 후자는 특정 영역 또는 과제에 국한되는 것으로 가변적인 특징을 지닌다. 또한 자기효능감은 수준, 강도, 일반성의 세 가지 차원으로 구성되는데, 수준은 과제의 난이도에 따른 자신감의 정도, 강도는 각 과제에 대하여 어느 정도 자신 있게 수행할 수 있는지에 대한 자신감의 정도, 일반성은 특정 대상에 대한 효능감이 그 상황이나 대상을 넘어 어느 정도 일반적으로 적용될 수 있는지에 관한 것이다.

자기효능감은 개인의 존재가치보다는 능력에 관한 판단과 믿음이라는 점에서 자아존중감(self-esteem)과는 구별되며, 성공 또는 실패 경험을 통해 강화되거나 약화될 수 있다. 따라서 쉬운 과제로부터 성공 경험을 쌓고 점진적으로 과제 난이도를 높여나가는 방식은 자기효능감 증진을 위한 효과적인 전략이 될 수 있다. 또한 타인이 실패하거나 성공하는 모습을 지켜보는 대리 경험 역시 자기효능감에 영향을 준다. 이때 모델이 자신과 비슷할수록 대리 경험이 주는 영향은 더욱 커진다. 더불어 신뢰할 수 있는 타인을 통해 성공할 수 있다는 믿음을 주입하는 언어적인 설득, 불안을 불러일으키는 수행 상황에서 정서적, 신체적인 반응과 동요를 최소화하고 안정적인 상태를 유지하는 것과 관련된 정서적 각성 역시 자기 효능감의 주요한 기제로 작동한다.

자기효능감은 동기 및 성취, 귀인과도 밀접한 관련이 있다. 예를 들어, 자기효능감이 높은 사람은 도전적인 과제가 주어졌을 때 쉽게 포기하지 않고 더 많은 노력을 기울인다. 그리고 실패했을 경우에도 원인을 노력이나 능력의 부족보다는 외부 상황으로 귀인 하는 경향이 높다. 반대로 자기 효능감이 낮은 사람의 경우 어려운 과제에 대해서 쉽게 포기하거나 도전하지 않으려는 성향이 높으며, 원하는 결과를 얻지 못했을 때 그 원인을 자신의 능력이나 노력 부족으로 내부 귀인하는 성향이 있다. 학습의 원리와 관련하여 사회인지이론에서는 ①자기 효능감, ②수행에 대한 물리적 보상 또는 사회적 평가에 대한 기대, ③개인이 추구하고자 하는 목표 등 세 가지 요소가 상호작용하여 학습 및 수행의 과정에 영향을 준다고 보았다.

ⓒ 행동조절능력은 학습에 집중하거나, 시간관리, 타인으로부터 도

움 받는 것과 같은 내용들을 포함하고 있다.

라. 메타 인지적 리더십

학습에서 메타인지(자기 주도적)와 마찬가지로 리더십에서 메타인지적 능력을 발휘하는 것을 필자는 메타 인지적 리더십 또는 자기 주도적 리더십이라고 부른다. 이런 류의 리더십은 어떤 고정된 만능의 리더십은 존재하지 않는다는 개념에서 출발하여 리더로서 지도력을 발휘하면서 리더는 늘 깨어서 자기인식을 하고 평가를 하면서 조정하는 리더십을 발휘하여야 한다는 것이다. 상황과 여건에 따라 어떤 리더십은 실패할 수 있고 저항이 있으며 방향이 틀어져 있을 수도 있다. 이것을 극복하여 나가기 위해서는 끊임없이 학습하고 생각하고 조정하며 청취해야 하는 여러 가지 수단과 전략이 필요할 것이다. 어떤 개념이나 이론적 틀에 박힌 리더십보다는 자신이 현장과 상황에서 만들어가는 리더십이 중요하다. 그러므로 메타인지적 리더십에는 답은 없지만 메타 인지적 또는 자기 주도적 학습에서 활용하는 전략들이 원용될 수 있고 또는 그와 달리 그런 방법들보다는 좀 더 직관적이고 감각적인 전략이 필요할 때도 있을 것이다. 메타 인지적 리더십은 우선 가설적으로 언급된 것이고 앞으로 이론이나 실제가 축적 경험되어 입증되어야 할 종류의 개념으로 치부되지만 나 자신의 지도력을 객관적으로 내가 들여다보고 조정하고 행동을 변경시키는 활동이 따라야 하는 만큼, 보다 유연한 리더십 개발에 유용한 하나의 이론적 개념이 될 것으로 믿는다.

[메타인지적 리더십 에피소드 1]

자기 주도적 창의 리더십은 영어로 표현하면(Indivisualized creative leadership) ICL로 표현된다. 이것은 주인공이 리더십을 통하여 세상이나 자신의 주변을 변화시키는 영향력을 발휘하고자 하는 경우 자신에게 잘 맞고 잘 해나갈 수 있는 창의적인 아이디어를 통하여 만들어낸 리더십을 말한다.

ICL의 사례를 보면 다음과 같다.

① 베트남 축구 감독인 박항서 파파 리더십 〈에피소드 1〉

"2002년 한일 월드컵에서 히딩크 감독을 보좌하여 대한민국의 4강 신화를 이룩한 박항서 감독은 지금 베트남에서 신화를 만들고 있습니다. 베트남 축구 역사상 첫 AFC 주관 대회 결승 진출. 통일 베트남의 첫 아시안 게임 축구 4강 진출. 그리고 2018 AFF 스즈키 컵 우승. 17경기 연속 A매치 무패 달성.

베트남에서 박항서 감독의 인기는 그야말로 하늘을 찌르는 중입니다. 박항서 감독에 대한 책이 출판되고, 다큐멘터리 영화가 개봉되고, 광고모델을 한 자양강장제가 불티나게 팔리다. 이제는 베트남 내에서는 정부 관료, 공산당 고위 간부, 대기업이나 국영기업 사장 및 임원직 정도가 아니면 만나기도 힘든 고위급 인사가 되었습니다. 이렇게 박항서 감독의 위상을 드높인 베트남 축구의 발전은 감독의 파파 리더십에서 비롯되었다고 합니다. 처음 감독으로 와서 베트남어는 한 마디도 못 했던 박항서 감독이 선수들과 교감을 위해 선택한 것은 모든 선수에게 먼저 다가가 머리를 쓰다듬고, 따뜻하게 포옹하며 끌어안았습니다. 히딩크 감독에게 박지성이 있었다면 박항서 감독에게는 '응우옌 꽝 하이'가 있습니다. 두 사람이 서로 따뜻하게 안고 있는 사진은 베트남에서 큰 화제가 되기도 했습니다. "우리 팀이 패했을 때 나는 선수들을 더 안아주고 등을 토닥거렸습니다. 내가 그런 행동을 하자 선수들도 점점 편안함을 느꼈습니다."박항서 감독의 아버지 같은 따뜻한 마음과 접촉이 '파파 리더십'이란 단어가 생겨난 이유입니다. 우리는 힘들고 괴로워 좌절했을 때 수많은 조언과 격려의 말보다는, 아버지가 사랑을 담은 손으로 머리를 한 번 쓰다듬어주시는 것에 위로받을 수 있습니다. 진실한 마음은 무엇으로도 전할 수 있습니다. 진실한 마음으로 함께 한다면 무엇이든 이룰 수 있습니다."

[출처] 탁월한 리더…박항서의 파파 리더십, 작성자 낚귀[10]

② 베트남 축구 감독인 박항서의 파파 리더십 〈에피소드 2〉

"박항서 감독, '파파(아버지) 리더십' 통해 베트남 동남아시안 게임 첫 우승 이끌어; 박항서 감독이 이끄는 베트남 22세 이하(U-22) 축구대표팀이 10일(한국시간) 필리핀 마닐라에서 열린 2019 동남아시안(SEA) 게임 결승전에서 인도네시아를 상대로 3-0으로 이기고 승리했다.

'쌀딩크' 박항서가 베트남에 60년만의 동남아시안 게임 우승이라는 선물을 안겼다. 박항서 감독이 이끄는 베트남 22세 이하(U-22) 축구대표팀은 10일(한국시간) 필리핀 마닐라에서 열린 2019 동남아시안(SEA) 게임 결승전에서 인도네시아를 상대로 3-0으로 이기고 승리했다. 1959년 월남으로 참가해 우승했던 이력이 있지만 통일 이후 동남아 최대 종합대회인 SEA 게임 축구에서 베트남은 한 번도 우승하지 못했다.

수석코치로 히딩크 감독을 보좌하며 한국의 2002년 월드컵 4강 신화를 도운 그지만 스스로는 주연보다는 조연에 가까웠다. 국가대표 경력도 상대적으로 짧고 국가대표 감독과 프로팀 감독으로서도 명장보다는 덕장이라는 평가 정도에 머물렀다. 하지만 남들이 다 은퇴하는 시기인 환갑 전후로 베트남행을 택한 그는 특유의 리더십으로 연이은 우승 신화를 쓰며 베트남의 국민영웅으로 우뚝 섰다. 한국과 베트남을 잇는 민간 외교에서도 박항서식 새 역사가 쓰여지고 있다. 베트남 선수들에게 파파(아버지)라고 불리는 박 감독의 리더십은 흔히 '파파 리더십'으로 불린다.

○ 아버지는 포기하지 않는다

축구선수 박항서의 언론 첫 등장은 1974년 11월이었다. 축구 명문 경신고 재학 중이던 그는 청룡기 중고축구선수권 결승에서 연장전 승부를 펼치던 중에 결승점을 기록했다. 하지만 몸도 상대적으로 왜소하고 공격수가 아니었던 그는 스타플레이어로 불리지는 못했다.

'쌀딩크' 박항서(60 · 왼쪽) 감독이 이끄는 베트남 22세 이하(U-22) 축구대표팀이 8일 중국 우한에서 중국 U-22 대표팀과의 경기를 앞두고 거스 히딩크 감독과 만나 환하게 웃고 있다. 둘은 2002 한일월드컵에서 한국의 4강 신화를 이끌었다. 히딩크 감독이 감독, 박 감독이 수석코치였다.

길지 않은 프로선수 생활을 마친 뒤 지도자 생활을 시작했고 꽃을 피운 것은 2002년 한일 월드컵에서 명장 히딩크를 수석코치로 보좌하면서다. 쌀딩크라는 별명도 히딩크와의 인연을 빼놓고서는 생각할 수 없다. 프로팀과 지역 아마팀을 이끌며 몇차례 우승 트로피를 들어올렸지만 2002년만큼의 영광은 찾아오지 않았다. 지도자 생활을 접을 수도 있을 때 베트남쪽에서 국가대표 감독 제의가 들어왔고 그는 이내 수락했다. 다시 한번 승부와 축구 변방 베트남을 끌어올리는데 온몸을 바치겠다는 각오가 있었던 것. 가정에서 아버지가 가족들의 변함없는 울타리가 돼 주듯 박항서는 꺾이지 않았다.

◯ 아버지는 꼰대가 아니다

선수들과의 스킨십은 박 감독이 가장 중요시 여긴 리더십 중 하나다. 규율만을 강조하지 않았다. 지난해 12월에도 선수들을 가슴으로 품은 영상이 화제가 됐다. 베트남 국영TV인 VTV가 찍어올린 영상에 따르면 베트남 축구대표팀 선수들은 아세안축구연맹(AFF) 스즈키컵 대회에서 우승한 뒤 선수들은 박 감독의 기자회견장에 갑자기 뛰어들어왔다. 이후 선수들은 박 감독에게 물을 뿌리고 껑충껑충 뛰더니 박 감독을 잡아 흔들고 탁자도 내리쳤다. 기쁜 마음에서 한 행동이었지만 박 감독의 얼굴과 안경에 물이 묻고, 기자회견이 잠시 중단되는 등 분위기가 애매해졌다. 하지만 박 감독은 싫은 내색 없이 선수들에게 엄지손가락을 치켜세우고 한 선수의 볼을 쓰다듬고 어깨를 토닥였다. 박 감독은 지난 4월 국내 한 예능 프로그램에서 "처음 베트남에 갔을 때 영어와 베트남어를 할 줄 몰랐다"며 "내가 선수들과 소통할 수 있는 유일한 방법은 스킨십(육체적 접촉) 뿐 이었다"고 회상했다.

○ 아버지는 따뜻하다

지난해 8월 자카르타·팔렘방 아시안게임 때 수비수 딘흐 트롱 선수가 SNS(사회연결망서비스)에 올린 8초짜리 동영상도 스킨십 리더십의 사례였다. 당시 딘흐 트롱은 '선수들을 극진히 사랑하는 감독님'이란 설명과 함께 박 감독이 발마사지기를 통해 발을 문질러 주는 영상을 게시했다. 영상이 화제가 되자 박 감독은 "마사지하는 게 찍힌 줄 몰랐다. 의무실에 의무진이 2명밖에 되지 않아 손이 모자란다. 시합에 나갈 선수가 혼자 마사지를 하고 있어서 해줬다"면서 "소집 기간에 SNS를 금지하는데 이 친구가 동영상을 찍어 올려 많이 혼냈다"고 말했다. 지난해 화제가 된 '비즈니스석 양보'도 박 감독의 부모 마음을 잘 보여줬다. 박 감독은 지난해 12월7일 스즈키컵 결승이 열리는 말레이시아로 향하면서 부상당한 선수에게 항공기 비즈니스석 자리를 양보했다. 당시 선수들은 이코노미석을 배정받았는데, 허리 부상으로 준결승 1~2차전에 모두 출전하지 못한 도 훙 중을 마음 아파하던 박 감독이 그에게 다가가 자리를 바꾸자고 제안했다. 이코노미석으로 옮긴 박 감독은 비행 도중 선수들과 장난을 치며 함께 어울렸다.

○ 아버지는 함께 뛴다

60년만의 우승을 이끌었지만 정작 박 감독은 후반 심판 판정에 항의하다가 퇴장당해 공식 기자회견에는 참석하지 못했다.

후반 32분 베트남의 공격 과정에서 미드필더 트롱 호앙이 몸싸움 중 쓰러졌다. 박 감독은 인도네시아 선수들의 거친 몸싸움에 거세게 항의했다. 이에 주심은 박 감독에게 레드카드를 꺼내 들었다.

베트남 언론 'Zing'에 따르면 박 감독은 "내 자신을 통제했어야 했는데 내가 레드카드를 받는 것보다 우승이 우선이었다"는 말을 전했다.

비록 퇴장을 당했지만 박 감독의 이런 제스처는 인도네시아가 추격의 박차를 가하던 시점에서 흐름을 끊고 선수들의 사기를 올리기 위한 행위였다. 평소에도 박 감독은 경기 내내 라인을 따라 뛰면서 선수들에게 소리를 지르고 선수들 뒤에 자신이 있다는 사실을 알리곤 한다.

○ 아버지는 우리를 믿는다.

박 감독은 베트남 선수들 지도를 맡기 시작할 때 몇가지 원칙과 금기 등을 공개했다. 그는 "나보다는 '우리'를 생각한다. 인기, 신장과 상관없이 우리라는 이름하에 정해진 규칙을 지켜야한다고 생각한다. 그 규칙을 지키는 것이 중요하다"고 말했다. 특히 식사 시간에 핸드폰을 못 쓰게 하는 것도 유명하다. 그는 "식사시간에 핸드폰을 못 쓰게 하는 이유는 선수들끼리 친해지고 어울리기 위해서"라며 "식사 시간에 주로 선수들을 관찰하는 편이다. 밥은 제대로 먹는지, 무슨 생각을 하는지 등을 살펴보게 된다"고 전했다. 물론 식사를 마치고 훈련과 경기를 충실히 이행했다면 핸드폰 사용을 비롯해 특별한 제재를 더 가하지는 않는다. 또 박 감독은 선수들에게 몸보신에 좋은 음식을 챙기는 등 전형적인 한국의 아버지상을 보여왔다. 박 감독은 지난해 8월 가벼운 부상으로 출전 명단에 오르지 못한 선수에게 인삼을 선물했다. 또 훈련과 경기 출전 준비 등으로 바쁜 와중에도 선수들의 결혼식도 가급적 모두 참석했다.

○ 아버지의 말 '덕분이다'

박항서 감독은 지난해 우승 축하금으로 받은 10만 달러(1억1345만 원)를 베트남 축구발전 등을 위해 쾌척한 적이 있었다. 박 감독은 당시 "제 개인에게 주어진 축하금은 베트남 축구발전과 불우이웃을 위해 써달라"고 말했다. 베트남인들의 사랑과 선수들의 헌신으로 이뤄진 만큼 나만을 위해 쓸수는 없다는 것. 박항서 감독은 이번 60년만의 우승 직후 기자회견을 통해서도 응원해준 축구팬들에 감사의 인사를 전했다. 그는 "이번 우승은 우리를 사랑해주고 응원해준 베트남 축구팬들 덕분이다. 또한 선수들과 우리의 성공을 위해 노력해준 관계자들, 지원팀에도 감사하단 말을 전하고 싶다"고 말했다.

그는 베트남 축구 대표팀을 이끌고 오는 14일 한국(경남 통영)을 찾는다. 2020년 태국에서 열리는 AFC U23 챔피언십 대회를 준비하기 위해서다. 영광은 잠시, 박항서는 여전히 배가 고프다."

[출처] : 박항서 '파파 리더십', 베트남을 울렸다[10]

2) 예(禮)

예(禮)라는 한자를 풀어보면 보일 시(示), 굽을 곡(曲), 콩 두(豆, 제기祭器 : 제사에 쓰는 그릇, 제수祭需 : 제사에 드는 여러 가지 재료)로 분해되며, 이 의미는 제사상에 머리를 숙이는 것을 보여준다. 즉 영어로 manners, courtesy, (formal) the proprieties(처세술, 예절)의 의미를 가진다. 예가 언급된 유교의 5상(인. 의. 예. 지. 신.)에서 예를 살펴보면 어질 인은 통치자의 최고 덕목이며 너그럽다. 마음이 너그럽고 착하며 슬기롭고 덕목이 높다는 것을 의미했다. 그런데 이러한 제왕의 지덕인 인의 근본은 극기복례라고 공자는 말했으며 인의 근본은 즉 자신의 욕망을 누르고 자기를 극복해서 예로 돌아가는 것을 의미하였다.

克 : 이길 극

己 : 몸 기

復 : 돌아올 복

禮 : 예도 예,

(의미 : 자기의 욕망과 감정을 이겨내고 사회적 법칙인 예를 따르다.)

한편 공자는 예(禮)의 근본(根本)을 겸손(謙遜)히 마다하며 받지 않거나 남에게 양보(讓步)하는 마음이라고 하였다. 현대적인 의미의 예는 일관된 합리적인 전제하에 이성적 인간의 규범아래 같은 의미를 가지지만 때때로 사례별로 조금 변형하여 고려할 수 있으나 조직원의 지지를 받을 수 있고 영향을 미칠 수 있는 리더십의 견지에서 본다면 공자가 의미한 원뜻은 조금도 훼손되지 않는다. 동서고금을 막론하고 리더십을 강화할 수 있다는 견지에서 동양의 유교적 전통에서 배울 수 있는 가장 큰 가치는 예라고 하는 겸손과 양보의 미덕이라고 할 수 있다. 그 반대는 교만과 거만인데 지위고하를 막론하고 교만하고 거만한 인사가 바람직한 리더십을 발휘하기는 어렵지 않겠는가? 그 이유는 리더가 다른 사람의 호응을 얻기 어렵고 결국 바람직한 변화를 가져오기 어렵기 때문이다.

3) 탈무드적 인간

유대인은 암기위주의 교육보다는 기회를 포착하는 직감을 더 중히 여긴다.

첫째, 그들은 현재는 과거의 이면이며 미래는 또한 현재의 이면을 가졌다고 생각한다. 모든 사물은 동전처럼 항상 양면성을 가지므로 일면적인 것만을 보지 말고 양면성을 보라고 가르친다. 선이 있으면 악이 있고 뜨거운 게 있는 반면 차가운 게 있으며 여자가 있으면 남자도 있다. 성공이 있으면 실패도 있는데 우리는 성공만 추구하지 실패는 생각에서 지우고 살려고 한다. 양면성을 보고 균형을 잡는 삶을 살아가도록 가르친다.

둘째, 다른 하나는 유연한 삶을 중시한다. 즉 권위나 규칙에 매이지 않고 비판적인 사고를 통하여 모든 인식과 지각을 획일적이 아닌 유연하고 부드럽게 그리고 탄력적으로 하도록 가르친다.

셋째, 유대인은 기회를 포착하는 직감(INTUITION)을 잘 기르도록 유대인은 수 천 년의 조상의 지혜가 축적된 탈무드를 통하여 배우도록 한다. 유대인은 탈무드적 인간이 되도록 자녀들을 가르친다.

탈무드적 인간은 다음과 같은 활동을 통하여 삶을 살아가도록 하는 인간형을 말한다.

① 배워라

② 질문하라

③ 권위를 무시하라(권위를 인정하지마라)

④ 자기를 세계의 중심에 두어라. 자기존중 → 타인존중

⑤ 폭넓은 지식을 가져라

⑥ 실패를 두려워하지 말라

⑦ 현실적이어야 한다

⑧ 낙관적으로 살아라, 백지에 그리며 살아가는

⑨ 풍부한 유머를 가져라

⑩ 대립을 두려워하지 말라

⑪ 창조적인 휴일을 가져라

⑫ 가정을 소중히 하라

[탈무드 에피소드 1]

어느 왕국의 왕에게 딸이 하나 있었다, 그러나 딸은 중병에 걸려 죽게 되었다. 임금은 누구든지 딸의 병을 고쳐주면 그를 사위로 삼겠다고 포고령을 내렸다. 왕궁으로부터 먼 시골에 3형제가 살고 있었다. 그 삼형제는 각각 신통한 재주를 부리는 물건을 하나씩 가지고 있었다.

첫째는 요술 망원경을 가졌고 세상의 어느 곳이든 볼 수 있었다.

둘째는 요술담요를 가지고 있었고 어디든지 담요를 타고 날아갈 수 있었다. 셋째는 요술사과가 있었는데 이것을 먹으면 어떤 병이든지 고칠 수 있었다. 어느 날 첫째가 망원경으로 세상을 둘러보다가 왕의 포고문을 보게 되었고 이를 형제들에게 말하여 같이 공주를 구하러 가자고 했다. 그래서 그들은 둘째의 요술담요를 타고 왕국으로 날아갔다. 왕국에 도착하여 셋째는 자기가 가긴 사과를 공주에게 먹도록 하여 병을 고치게 하였

다. 사과를 먹은 공주는 병이 나았다. 그러자 3형제는 서로 자기가 공주의 병을 고치는데 공을 세웠으므로 사위가 되겠다고 주장하였다. 왕은 세 사람 중 사위가 될 사람을 골라야 했다. 누가 사위가 될 수 있을까요?

> 〈정답〉
> 왕은 사과를 준 셋째를 사위로 골랐다. 그 이유는 다음과 같다. 첫째와 둘째는 공주의 병을 고치는데 도움을 주었지만 그들은 아직도 망원경과 담요를 그대로 가지고 있다. 하지만 셋째는 사과를 공주에게 먹였으므로 아무것도 남은 게 없다. 그러므로 그가 왕의 사위가 되어야 한다. 이 에피소드가 주는 교훈은 유대인인은 남에게 도움을 줄 때 자기의 것을 완전히 다 준 사람을 더 귀하게 여긴다. 남에게 도움을 줄 때 완전한 도움을 주라는 의미이다.

[탈무드 에피소드 2]

어느 회사의 사장과 직원이 있었다. 사장은 직원의 보수를 자기가 알고 있는 슈퍼에서 물건으로 가져가도록 하고 그 물건 값은 회사 사장이 슈퍼 주인에게 돈으로 지불하기로 약속하였다.

어느 날 슈퍼 주인은 사장의 직원이 임금의 대가로 가져간 물건값(10달란트)을 사장에게 달라고 요구하였다. 그리고 역시 사원으로부터도 임금을 달라고 요구를 받았다. 사원은 물건을 가져간 사실이 없다고 하였다. 사장은 사원과 슈퍼주인에게 10달란트 만큼의 물건을 가져갔는지를 증명하라고 요구 했지만 누구도 그 사실을 증거를 대고 증명할 수 없었다. 이 경우 해법은 무엇인가?

〈정답〉

사장은 양쪽 모두에게 지불하기로 약속한 금액을 지불할 수 밖에 없다. 그 이유는 그렇게 하기로 계약을 했으므로 이행하여야 한다. 그러므로 함부로 구두나 문서상으로 계약을 하지 말아야 한다는 교훈이다.

4) 배려의 리더십-파괴의 리더십

① 흥부의 리더십

흥부의 성은 무엇인가요? ( )씨 입니다. 제비가 물어다 준 박씨로 인하여 부자가 되었다지요. 흥부 리더십을 살펴볼까요? 흥부는 농사를 짓고 벼를 수확하여 논에서 널어 말리다가 다 마르면 묶어서 한동안 세워 놓습니다. 어느날 저녁 어둠이 몰려올 때 흥부는 몰래 논으로 나가 자신의 볏단을 몰래 놀부 형님 논으로 갖다 놓았습니다. 흥부가 이렇게 행동한 이유는 놀부 형님이 제사도 모시고 하니 손님도 많고 돈을 더 지출하리라고 생각하고 그 효도의 은공을 생각하여 몰래 자기가 추수한 수확을 형님에게 드립니다. 자 이런 행동을 뭐라고 설명할 수 있을까요?

(   ) 입니다.

흥부는 자기 위주의 생각에 기반하여 행동하는 게 아니라 타인을 중심으로 그의 마음을 헤아려 자신의 행동을 결정하였습니다. 이 행동 하나를 보면 거기에는 배려뿐만 아니라 감성, 사랑, 존중, 아낌, 섬

김(servant), 음덕의 정신이 담겨 있습니다. 달리 말하면 감성리더십, 사랑의 리더십, 존중의 리더십, 아낌의 리더십, 섬김의 리더십, 음덕[11]의 리더십이라고도 부를 수 있지요.

흥부는 처마 밑의 제비가 떨어져 다리가 부러지자 제비다리를 치료하고 정성껏 간호하여 고쳐주었다. 제비와 흥부는 아무런 이해관계가 없지만, 흥부는 처마 밑에 사는 제비를 식구처럼 생각하여 측은히 여기고 정성을 쏟아 보살펴 줍니다. 살아있는 생명을 존중하고 어려운 처지의 동물도 측은히 생각하는 그의 따뜻하고 자애로운 마음씨가 너무 곱습니다. 다음해 제비는 박씨를 하나 물어다 흥부의 토담에 심었고 박이 주렁주렁 자라 복을 가져다주었습니다. 물론 박을 따서 자르니 그 속에는 보물이 들어있지는 않았지요. 흥부는 식구가 워낙 많아 쌀이 떨어져 굶는 날이 많았죠. 그래서 작은 음식이라도 있으면 박속을 긁어 양을 늘려 밥 대신 먹었습니다. 어느 날 시전에 갔다가 낙자 몇 마리를 사가지고 집에 와서 박속과 같이 끓여 먹었는데 맛이 여간 좋은 게 아니었습니다. 그래서 흥부는 "박속의 낙지"라는 식당을 빚을 내어 열었는데 장사가 너무 잘되는 것이었습니다. 마침내 흥부는 빚도 갚고 큰 부자가 되었습니다.

우리가 밥을 먹을 때 배부르게 먹지 말고 조금 모자라게 먹어야 합니다. 지금도 배를 굶고 사는 어려운 나라의 국민들을 생각하면서 조금 적게 먹는다면 복을 받을 것입니다. 이런 삶의 정신을 배려라고 합니다. 적게 먹으면 성인병으로부터 벗어나 건강합니다.

흥부는 다리가 부러진 제비를 치료해 줍니다.

이것은 이타적인 자비(사랑)이자 헌신입니다.

자비를 베푼 흥부에게 제비는 박씨를 물어다 주어 부자로 만듭니다.

② 놀부 리더십

놀부는 흥부의 형인데 전답도 동생보다 많이 가지고 고래 등 같은 기와집도 있고 식구도 적어 풍족하게 부자로 살고 있습니다. 놀부는 마음이 완악하여 가난한 동생을 도와주기는 커녕 동생이 쌀이나 돈을 빌리러 오면 종아리를 때려 혼을 내서 돌려보내곤 하였다. 논에서 가을에 추수를 하면 이랑사이로 한 톨의 나락이나 콩도 다 주워가서 철새들이 놀부의 논밭에서는 먹을 게 없어서 굶는 일이 다반사였다. 놀부는 도정공장을 하나 가지고 있었는데 큰 공장을 가진 놀부는 가난한 서민들이 먹고 살기 위해 하는 떡집이나 기름집도 운영하여 놀부가 사는 고을의 돈을 싹쓸이해 가는 바람에 그 동네의 원성이 자자했다. 즉 대기업이 중소기업이 하는 사업까지 싹쓸이 하여 문어발식으로 사업을 확장하는 것이었다. 그러나 놀부는 아무리 돈을 많이 벌어도 부족함을 느꼈고 더 벌려고 했다. (탐욕의 리더십)

어느 날 놀부는 한동안 보이지 않던 흥부가 저자거리에 박속의 낙지라는 레스토랑을 열어 큰 돈을 번 것을 목격하고 흥부에게 식당을 연 연유를 듣게 되었다. 다리 부러진 제비를 고쳐주고 복을 얻게 되었다는 이야기를 들었다. 놀부는 부리나케 집으로 와서 처마 밑의 제비를 한 마리 꺼내고 다리를 부러뜨렸다. 그리고는 약을 바르고 붕대를 감싸 치료되도록 하였다.

다음해 제비는 박씨 하나를 놀부에게 물어다 주었고 놀부는 박이 다 익기를 기다려 박을 수확했다. 수확한 박을 타니 콧노래가 절로 나왔다. 놀부가 박 하나를 타서 반으로 쪼개자 쇠방망이를 든 도깨비가 나와서 호령했다.

네 이놈, 서민 등쳐서 번돈 10만전을 여기서 속량하여라. 그렇지 않으면 이 쇠방망이에 맞아 죽으리라.

예예

놀부는 두려움에 떨며 10만 냥을 도깨비 앞에 속량했다.

다시 도깨비는 호통을 쳤다.

네 이놈, 잘 살고 있는 강남의 제비 다리를 무단으로 부러뜨린 죄를 알렸다. 매를 맞아 죽을 것이냐 아니면 10만 냥을 속량하고 풀려날 것이냐?

예, 예 십만 냥을 내고 속량하겠습니다.

그 날 놀부는 그동안 지은 죄를 전부 도깨비에게 고하고 그동안 차곡차곡 모아두었던 100만 냥을 모두 도깨비 앞에 속량으로 바치고 목숨을 건졌다.

놀부가 가진 리더십은 무엇인가? 탐욕의 리더십, 자기만 아는 이기주의적 리더십, 약자를 갈취하는 잔인한 리더십, 욕망의 리더십, 그리고 결국 복을 버리고 벌을 구하는 리더십이 되었다.

많이 먹으면 성인병에 걸려 일찍 죽습니다. 우리나라 기업을 봅시다. 한국의 5% 상위계층이 부의 90%를 차지하고 있습니다. 대기업은 무차별 기업을 확장해서 돈을 벌어갑니다. 그것을 모아 국내에 투자하지 않고 해외로 몽땅 투자합니다. 왜냐 한국의 노동자는 너무 세고 임금이 너무 비쌉니다. 베트남에서 월급 20만 원이면 되는데 한국에서는 300만 원이 넘습니다.

자본가도 노조도 서로 배려를 하지 않습니다. 오늘날 연봉 억대가 넘는 노조는 귀족화되어 있습니다. 너무 많이 챙기려고 하면 다 망합니다. 특히 너무 배부르게 먹으면 동맥경화, 당뇨, 고혈압으로 일찍 갑니다. 무자비하게도 밥좀 달라는 흥부 뺨을 때리고, 성한 제비 다리 부러뜨리고, 서민 경제를 위협한 악랄한 재벌 같은 놀부는 천벌을 받아 전 재산을 잃습니다. 여러분은 어떤 리더십을 가진 자가 되고 싶은가요? 당신은 어떤 리더십을 구현하고 싶은가요?

4) 혁신 DNA 구축을 향한 리더십 전제조건

카진스키와 깁슨이 쓴 "핵심에 이르는 혁신"[12]은 혁신 DNA를 구축하라는 말로 압축되며 이것은 겉 치레가 아닌 근본적인 혁신을 말하는 것이다. 카진스키와 깁슨은 근본적인 혁신을 위한 전제조건을 다음과 같이 언급한다.

혁신을 위한 세 가지 전제조건

우리가 혁신을 즐기기 전에 먼저 우리는 혁신의 총체가 DNA라는 근본적인 실체에 담겨 있어야 하는 근본적인 문제를 인식한다. 카진스키와 깁슨은 먼저 핵심에 이르는 혁신을 위하여 세 가지 전제조건을 알려주고 거기에다가 전략적 통찰을 위한 토대를 구축한다. 먼저 세 가지 전제조건은

첫째, 복기(復棋)와 구상 그리고 실험이 가능한 시간과 공간의 확보

둘째, 혁신이 요구하는 사고의 다양성 극대화 및

셋째, 획기적 아이디어의 양육장이 되도록 연결망과 의사소통을 촉진함으로써 조합적 화학작용(combinational chemistry) 추구를 말한다. 이를 구체적으로 살펴보면 다음과 같이 요약할 수 있다.

첫째로 복기(復棋)와 구상 그리고 실험이 가능한 시간과 공간의 확보다.

WP사는 전 세계에서 혁신업무를 수행할 75명의 직원을 교육시켜 배출했다.

G사는 70/20/10의 근무법칙을 만들어 직원들이 근무시간의 70%는 주요업무 시간으로, 20%는 구글 앱스 같은 새로운 전략적 프로그램에 할애하고 나머지 10%는 어떤 주제든지 개인적으로 흥미를 가진 주제에 자유롭게 사용 하도록하여 시간확보와 대역폭을 확대하였다.

이런 사례를 통하여 우리가 점검해 보아야 할 사항은 다음과 같다.

직원들이 혁신프로젝트에 별도로 쓸 수 있는 일정한 비율의 근무

시간을 별도로 정해 놓았는가? 각 직급의 리더들은 직원들이 그러한 시간을 충분히 활용하도록 도울 책임을 지는가? 최고 경영진은 따로 시간을 내어 기업의 혁신활동을 논의하고 새로운 전략적 통찰과 아이디어를 검토하고 진행 중인 혁신프로젝트를 점검하고 우선순위를 정하며 자원을 할당하는 등 혁신과제에만 전념하는 정기회의를 가지는가? 연구 개발부와 신제품 개발부에 속하지 않고 공식적으로 성장과 혁신활동에 전념하는 충분한 수의 인원이 있는가?

식스 시그마와 마찬가지로 혁신의 원칙과 기술, 도구들을 가르치는 전사적인 교육 프로그램을 가지고 있는가? 직원 대다수가 혁신이 업무의 일부라고 생각하는가? 충분한 시간을 내어 혁신활동을 추구하고 회사와 부서 또는 팀이 혁신역량을 개선하도록 도왔는가? 경영진은 특정한 시간을 할애하여 혁신가들을 지도했는가? 등이다.

둘째, 혁신이 요구하는 사고의 다양성 극대화에 관한 이슈이다. 혁신팀의 다양성을 확보하기 위하여 실제로 적용하는 기준은 다음과 같다.

– 창조적 사고형과 비판적 사고형
– 보다 창의적인 사람과 보다 분석적인 사람
– 본사인력과 현장인력
– 젊은 사람과 나이든 사람
– 경험이 많은 사람과 상상력이 풍부한 사람
– 기술을 잘 아는 사람과 소비자를 잘 아는 사람
– 내부인력과 외부인력

두 번째 이슈에서 점검할 사항은 다음과 같다.

혁신팀의 인적구성이 1년 전 보다 현저하게 다양해졌는가? 팀원 구성시 성별과 문화, 배경의 다양성만큼 사고의 다양성에도 신경을 쓰는가? 제품 및 전략혁신을 담당하는 팀을 구성할 때 경험보다 상상력의 비중을 늘리고 있는가? 혁신팀을 구성할 때, 젊은 층, 신규인력, 조직외곽에서 온 사람들의 비중이 실제 인력구성에서 차지하는 비중보다 많도록 선발기준을 정했는가? 기업 및 업계외부의 목소리를 끌어 들여서 지적 유전자 풀을 혼합하기 위해 충분한 노력을 하는가? 등이다.

셋째로 연결과 의사소통에 관한 이슈이다.

기업이 혁신과 전략기획 프로세스에 새로운 목소리를 포함시켜서 새로운 방식으로 연결할 필요가 있다. 다음 사항은 우연성의 확률을 높이기 위해 연결을 극대화하는 네 가지 방법이다. 이 네 가지 방법은;

a. 조직구성도의 재설정

b. 아이디어를 수용하는 열린 장(場) 개설

c. 상상력을 모으는 네트워크 활용

d. 혁신활동에 대한 직접참여 기회확대라고 할 수 있다.

2. 변혁적 리더십 관련 문제

1) 상황과 리더십 토의

다양한 상황에서 리더십과 관련하여 일어날 수 있는 이슈는 무엇인지 논의하여 보자.

A. 누가 리더가 되어야 하나

〈상황 설정〉

a.

b

c.

B. 변화에 대응하는 속도, 안주, 지나친 대응

〈상황 설정〉

a.

b.

c.

C. 공감과 감동의 리더십

a.

b

c

2) 현대의 리더십 유형과 변혁적 리더십

리더십 컬러	키워드	슬로건	적합환경
서번트리더십(servant)	사랑	peace come first	복잡한 갈등이나 대립해소
브랜드리더십(brand)	창의	Think different Act different	차별화된 경쟁력확보(FILA)
사이드리더십	예방	why do you think?	의견수렴으로 공감대확보
파워리더십	성실	Do as I do	팀의 즉각적인 결과성취
수퍼리더십	지식	Do it yourself	권한위임으로 책임명료화
비전리더십	비전	come with me	새로운 비전이나 방향설정
변혁적리더십	용기	try this	능력개선으로 장기적 경쟁력

〈표3.1〉 송혁관(2020). 변화와 혁신의 리더십. Paradigm.

송혁관(2020)은 변화와 혁신의 리더십에서 〈표3.1〉과 같이 여러 유형의 리더십 칼라를 보여주는데 그 중 변혁적 리더십이란 용기를 키워드로 하는 리더십으로 능력개선으로 장기적 경쟁력을 도모하는 것을 말한다. 그러나 반드시 이와같은 개념에만 얽메이는 것은 아니다. 여기 제시된 모든 유형의 리더십을 잘 조화융합하는 것을 의미한다고도 할 수 있다. 변혁적 리더십의 키워드는 용기라고 하고 슬로건은 이렇게 해봐. 라고 권유하는 것과 같이 용기를 내서 시도하도록 동기부여하는 것을 의미한다. 적합한 환경에서 능력개선으로 장기적인 경쟁력을 향상하는 것이다. 그러므로 변혁적 리더십은 선도자의 지휘 또는 우수사례를 본 따거나 아니면 전문가의 지도아래 용기를 내어 시도하는 것을 의미한다고 볼 수 있다.

그러므로 리더는 이러한 전문적 능력을 가진 Couch, Consultant 및 Educator 역할을 겸비한 사람이 되어야 할 것이다. 다시 말하면 리더의 역할은 바로 코치, 상담자 및 육성가이다.

3. 변화의 단계(과정)와 리더십

학자에 따라 변화의 단계를 5단계 또는 그 이상의 단계로 보고 있다. 예컨대 송혁관(2020)은 〈표3.2〉와 같이 1단계(환경분석)-2단계(비전창출)-3단계(변화 설계)4단계(변화 추진)-5단계(피드 백) 등 5단계로 보고 있고

〈표3.2〉 변화관리의 프로세스[13]

단계	포인트	구분
1단계 (환경분석)	〈왜 우리는 변해야 하는가?〉 ■내외환경 분석 : 적절한 도구활용, 참여를 통한 입체적, 전체적 및 통합적 분석 ■변화 필요성 정의(개념화)	Unfreezing
2단계 (비전창출)	〈변화의 바람직한 결과 상태는?〉 ■조직원과 함께 비전창출 : 변화를 통해 얻고자 하는 것은? 변화된 모습의 최대치는? ■멤버와 공유	Change
3단계 (변화 설계)	〈어떻게 변해야 하는가?〉 ■단계적 변화목표의 재정의 ; SMART 변화목표 ■변화동인(Change agent) 활동방안과과 변화사슬 개발 ■효율과 효과에 비추어 실행안 선택 : 고효율 고효과-저효율, 고효과 ■세브계획과 Emergency paln 의 확보	
4단계 (변화 추진)	〈계획대로 변화하고 있는가?〉 ■유연한 조정과 통제 : 목표가 아닌 목적중심의 피드백 ■개인차 관리와 저항의 극복	
5단계 (피드 백)	〈이제 무엇이 또 필요한가?〉 ■결과평가 : 변화 목표는 달성되었는가? ■사후관리 : 비전달성을 위해 또 무엇이 필요한가?	Refreezing

학자에 따라 변화의 단계를 5단계 또는 그 이상의 단계로 보고 있다. 예컨대 8단계를 주장하는 사람의 경우 1. 위기감 조성, 2. 변화 추진체 구성, 3. 비전과 전략창출, 4. 비전의 전달, 5. 비전행동을 위한 권한위임, 6. 단기성과 제시, 7. 위기감 유지, 8. 변화실행 및 정착이 그것이다. 한편 그보다 낮은 단계로 구분하는 경우도 있다. 4단계로 보는 경우 1. 변화 파악, 2. 실행 계획, 3. 실행, 4. 평가 및 피드백이 그것이다. 이 경우 변화파악은 변화의 필요성 인식, 변화의 본질 파악 및 목적 달성 기준 구체화를 의미한다. 한편 실행계획은 상황을 진단하고 일반 전략과 지원 기법을 선택하는 것을 의미한다. 대체적으로 보면 상황분석-비전 설정-미션설정 및 실행-피드백으로 볼 수 있고 실질적인 가시적 변화는 미션설정 및 실행에서 일어나지만 사실상 변화는 비전설정에서부터 시작된다고 볼 수 있다. 왜냐하면 변화는 일단 마음에서 먼저 일어나야 행동으로 일어날 수 있기 때문에 정신혁명이 일어나는 비전 설정기부터 이미 변화는 시작되었다고 볼 수 있다. 이런 4단계의 변화과정을 기본으로 하여 단계별로 내용을 살펴본다.

① 상황분석

변화가 필요한 상황을 보면 SWOT분석에서 사용되는 개념을 차용하여 보면,

예를 들어 위협요인을 국내경쟁이 심화되고 경영사이클이 속도가 빨라졌다든지 하는 것들이 될 수 있다. 또한 기회요인으로 국제시장 확대 요인이 발생하였다는 것과 같은 것들이다.

〈학습참고〉

SWOT는 강점(Strength), 약점(Weakness), 기회(Opportunity), 위협(Threat)의 머리 글자를 모아 만든 단어로 경영 전략을 수립하기 위한 분석 도구이다. 내적인 면을 분석하는 강점/약점 분석과, 외적 환경을 분석하는 기회/위협 분석으로 나누기도 하며 긍정적인 면을 보는 강점과 기회 그리고 그 반대로 위험을 불러오는 약점, 위협을 저울질하는 도구이다. 보통 X,Y축으로 2차원의 사분면을 그리고 각각 하나의 사분면에 하나씩 배치하여 연관된 사항들을 우선순위로 지배한다.

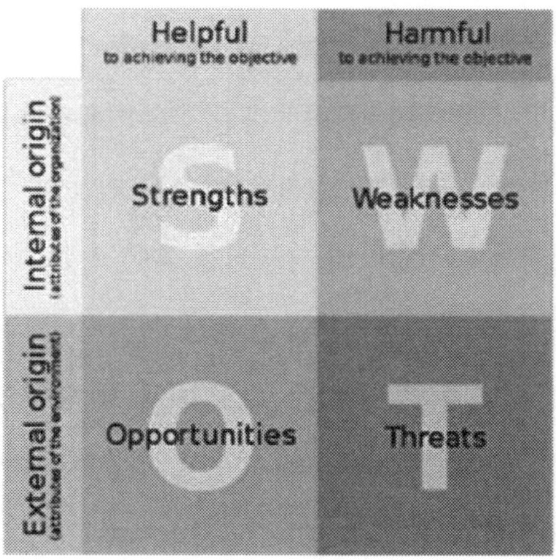

〈그림 3.1〉 SWOT 분석

이와 같이 상황분석은 변화의 필요성 인식과 관계가 깊은데, 글로벌화, 기술변화, e-비지니스 증대, Co2 배출을 억제하는 정부규제 확대 등이 그것이다. 예를 들어 화석연료를 사용하는 자동차를 유럽연합이 2030년부터 금지하는 입법을 했다고 가정할 때 지금 가장 빨리 개선해야 할 변화와 혁신이 무엇인가를 생각하고 준비해야 할 것이다. 가장 필요한 기술은 전기(에너지)저장장치(배터리)인데 미래 환경을 고려하여 기술, 조직, 전문가를 어떻게 바꾸어야 할 것인가를 생각해야 한다. 에너지 저장기술 전문가, 필요한 희토류, 전기저장장치냐 수소연료전지냐? 세계적 경쟁력의 수준, 투자자금 규모, 특허 등 제반환경 분석에 따라 혁신의 목적과 방향이 제시되어야 할 것이다. 이 단계에서는 변화의 필요성 인식, 변화의 본질 파악 및 목적 달성 기준 등이 구체화되어야 할 것이다.

② 비전설정

비전은 개인이나 조직이 달성한 바람직한 미래상태를 보여주는 것이다. 따라서 비전설정은 조직원들을 하나로 만들어 주고, 조직의 활동방향을 가리키며 조직원들의 자부심을 높이고, 고객의 충성도를 인도한다. 그러므로 조직차원의 비전설정은 철저히 조직원이 공유하여야 한다. 공유한 비전이 주는 것들은 조직원들에게 긍정적인 열망, 활기, 조직의 소통, 용기, 학습조직 창출 및 과감한 도전 등을 인도한다. 한편 개인이 가지는 비전은 뚜렷한 목적의식과 가치관을 갖게 하며, 활동과 노력의 방향을 제시하며, 자부심과 동기를 드높이고, 주변사람들의 성원과 신뢰를 가져다준다.

그러면 이처럼 가치있고 유용한 비전은 어떻게 만들어지는가?

송혁관(2020)은 비전창출의 핵심을 다음과 같이 주장한다.

- 가치를 정하라
- 상상하라
- 모은 다음 다듬어라
- 그리고 고객에게 물어 보라

이어 그는 조직 비전 창출의 단계와 방법을 다음과 같이 요약한다.

[선행단계] 미래 환경 예측하기

[제1단계] 추구가치 선택하기

[제2단계] 가치가 실현된 미래상태 상상하기

[제3단계] 영역별 미래상태 정리하기

[제4단계] 비전 슬로건으로 요약하기

그렇다면, 이러한 비전을 만드는 과정에서 리더의 역할은 무엇인가?

리더는 이러한 과정이 현상을 유지하려는 목적이 아니라 스스로 변화를 추진하는 리더로 생각하여야 한다. 거기서 직접 자신이 실천하는 용기를 보여주어야 한다. 또한 자신의 직원들에 대하여는 그들이 모두 책임감을 가지고 주어진 과업을 맡을 능력이 있다고 믿어야 한다. 목적을 달성할 수 있는 가치를 완전히 이해하고 규명할 수 있는 능력이 있어야 한다. 한편 리더는 실수하거나 실패할 수 있다. 그래도 자신의 실수나 실패를 인지하고 실패로부터 학습하는 자가 되어야 한다. 한편 복잡한 현실, 불확실성과 모호성을 관리하는 능력과 비전에 대한 명확한 청사진을 제시하는 능력을 가져야 한다.

비전설정에서 리더의 역할은 혁신을 주도하는 것이다. 구체적으로 그것은

첫째, 창조성을 배양하는 환경을 만들고, 둘째, 혁신을 도입하기 위해 구성원들의 창조적 에너지를 활성화시켜야 한다.

구글이 업무시간의 20% 혁신활동을 위한 직무 외 허용시간을 가

지듯이 혁신에 필요한 연수, 개인적 준비 등 환경이 개선되어야 한다. 한편 구성원의 창조 에너지로 활성화하기 위해서는 모든 구성원의 관심과 행동이 조직의 비전과 일치하고 정렬되어야 한다. 이것은 다른 말로 하면 비전은 공유되어야 한다는 의미이다. 송혁관은 비전에 대한 태도[14]를 일곱 가지로 구분한다.

— 몰입의 단계는 비전을 원하고, 그것이 생겨나도록 한다. 요구되는 모든 '규칙(구조)'을 창조한다.

— 가입의 단계에서는 비전을 원하고 '규칙의 정신' 하에서 할 수 있는 모든 것을 하는 것을 의미한다.

— 진정한 순응의 단계는 비전의 이점을 보며 자신에게 기대되는 것과 그 이상의 것을 하며 '규정에 쓰여 있는 것'을 따른다. 즉 충실한 병사가 된다.

— 공식적 순응의 단계는 전반적으로 비전의 이점을 보며, 자신에게 기대되는 것은 하지만 그 이상은 하지 않는다. '꽤 충실한 병사'로 묘사된다.

— 마지못한 순응의 단계는 비전의 이점을 보지 않는다. 그러나 또한 직업을 잃는 것도 원하지 않는다. 해야만 하기 때문에 기대되는 것은 충분히 한다. 그렇지만 진짜 동참하지 않음을 알린다.

— 비순응의 단계는 비전의 이점을 보지도 않고 기대되는 것도 하지 않는다.

"나는 하지 않을 것이다. 당신은 내가 하도록 만들 수 없다."

— 무관심의 단계는 비전을 원하지도 반대하지도 않는다. 흥미가 없다. 에너지도 없다.

직원의 다양한 태도에 대하여 리더는 어떻게 유연하게 대응할 것인가?

— 의사소통하고 교육을 한다. 참여와 몰입을 증대시킨다. 때로는 강제적 혁신도 필요하다.

진정한 창조성 진작을 위해서는 별도의 혁신팀 또는 벤처팀을 구성하여 가동해야 한다. 리더는 창조적 인재관리를 위하여 브레인스토밍, 수평적 인재관리, 창조적 직관력(창조적 메타인지력)을 가져야 한다. 또한 혁신의 역기능도 고려하여 충격완화나 소프트랜딩의 방안도 고려하여야 하다. 예를 들어 불가피 직원을 구조 조정할 경우 특별 퇴직금을 만들어 지급하는 방안 등이 그것이다. 이 단계에서 구비하여야 할 중요한 점은 조직원의 공감을 얻는 일이다.

공감(rapport)이란? 불어로, '다리를 놓다'를 의미하는데, 그의 세계에서 만나기, 인정과 존중과 같은 의미를 말한다. 송혁관(2020)은 공감의 비결에 대하여 두 가지를 언급한다.

첫째, 일치하기(Matching skill).

일치하기는 다음과 같이 세 가지 방법이 있다.

① 되비쳐주기(Mirroiring) : 상대방의 자세와 행동 따라하기

② 반복해주기(Backtracking) : 상대방의 말(단어, 관용구, 표현) 반복하기

③ 보조 맞추기(Pacing) : 상대방의 호흡, 동작, 음조 맞추기

둘째, 마음 읽기(Calibration skill)

① 메라비언의 법칙 : 한 사람이 상대방으로부터 받는 이미지는 시각이 55%, 청각이 38%, 언어가 7%에 이른다는 법칙이다. 캘리포니아대학교 로스앤젤레 스 캠퍼스(UCLA) 심리학과 명예교수인 앨버트 메라비언(Albert Mehrabian)이 1971년에 출간한 저서《Silent Messages》에 발표한 것으로, 커뮤니케이션 이론에서 중요시된다. 특히 짧은 시간에 좋은 이미지를 주어야 하는 직종의 사원교육으로 활용되는 이론이다. 시각이미지는 자세·용모와 복장·제스처 등 외적으로 보이는 부분을 말하며, 청각은 목소리의 톤이나 음색(音色)처럼 언어의 품질을 말하고, 언어는 말의 내용을 말한다. 이 이론에 따르면, 대화를 통하여 상대방에 대한 호감 또는 비호감을 느끼는 데에서 상대방이 하는 말의 내용이 차지하는 비중은 7%로 그 영향이 미미하다. 반면에 말을 할 때의 태도나 목소리 등 말의 내용과 직접적으로 관계가 없는 요소가 93%를 차지하여 상대방으로부터 받는 이미지를 좌우한다는 것이다.

－(7)%......말(Words)

－(93)%......음색/음조(Tones), 신체언어(Body Language)

② 눈말 읽기(Eye Accessing Cues)

먼저, 눈 접근 신호는 사람이 생각하는 데 사용하는 표현 시스템을 유발하고 표시하는 데 도움이 되는 눈의 움직임 동작이다. 접근 신호의 일반적인 유형에는 눈 움직임, 음성 톤, 템포, 신체 자세, 제스처 및 호흡 패턴이 포함된다.

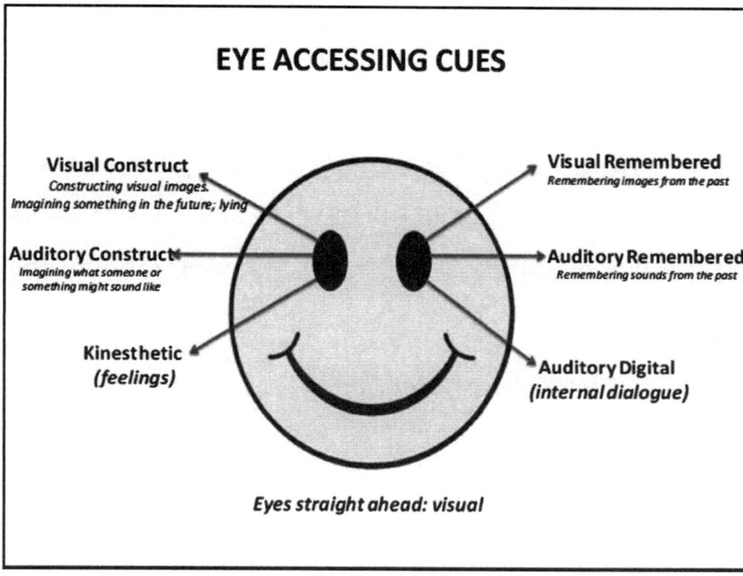

〈그림 3.2〉 눈말 읽기

- 시각적 구성(VC), 눈은 왼쪽 상단 코너로 이동한다.
- 시각적 기억(VR), 눈이 오른쪽 상단으로 이동한다.
- 오디오 구성(AC), 눈은 수평으로 왼쪽으로 움직인다.
- 오디오 기억(AR), 이브는 수평으로 오른쪽으로 이동한다.
- 느낌(K)과 신체 감각, 눈은 왼쪽 아래로 움직인다.
- 내부 대화(AD), 눈은 오른쪽 아래로 움직인다.

③ 미션설정

미션이란 무엇인가? 조직의 목적이나 취지를 반영한 업무 또는 행위를 말한다. 또한 미션은 비전의 하위개념으로 비전을 이루기 위한 조직과 개인이 가질 수 있는 사명이라고 할 수 있다. 한편 그것은 직무(업무 Job)와 어떻게 다른가? 업무는 무엇을 어떻게 할 것인가 라는 행위, 방법, 장단기적 사이클이나 수당 등을 말한다.[15]

미션의 기능은 대내적으로는 모든 의사결정/평가의 기준, 조직력 집중의 구심점 및 조직 시스템의 기준점이 된다. 대외적으로는 고객의 이해와 동의를 이끌어내고, 고객의 지지를 받게 하며, 새로운 사업방향의 제시한다.

미션은 체계화 될수록 더욱 유용하다.[16]

whole mission - 조직전체의 미션

↓

Functional mission - 기능, 부서별 미션

↓

unit mission - 단위조직의 미션

↓

job mission - 개인별 직무의 미션

〈그림3.3〉 미션의 체계화[17]

위 그림에서 보면, 미션은 위로 갈수록 본질적 통합적, 아래로 갈수록 기능적, 구체적인 내용을 나타낸다. 조직의 가치와 비전은 모든 단계에서 공유되어야 바람직하다. 요컨대 시스템적 체계화가 관건이다

④ 실행-피드백

성공적인 변화를 가져오고 성장을 이루기 위해서는 변화의 힘을 회피해서는 안 되며 이러한 요구에 대응하여 구식의 행동방식을 버리고 더욱 생산성 높은 행동방식을 채택해야 한다. 변화의 성공을 위해서 송혁관[18]은 다음의 8가지 행동요소를 필요로 한다.

a. 적합한 측정 메트릭스(Metrics)를 찾아낸다.
b. 선도적인 변화의 측정 장치를 개발한다.
c. 미래를 위한 최상의 실행방식을 예측한다.
d. 최상의 실행방식을 제일 먼저 채택한다.
e. 이상적인 것을 파악한다.
f. 이상적인 것에 가장 가까워지도록 노력한다.
g. 뛰어난 팀을 구성한다.
h. 현재의 성과에 안주하지 않는다.

강진구(2017)[19]는 성공적인 변화 관리의 핵심 실행 포인트를 다섯 가지로 요약한다.

첫째, 과거관행과의 단호한 결별이다. 커트 레빈의 소위 '세력-장(Force-field) 모델'의 첫 단계 Unfreeze는 바로 굳어져 있는 기존의 사고와 행동 방식을 깨는 것을 의미한다. 새 리더십이 강한 추동력이 될 수 있다.

둘째, "위기의식"의 전략적 활용이다. 여덟 단계의 변화 관리 프로세스를 정립한 하버드대 석좌교수 존 코터가 변화 관리의 처음이자 가장 어려운 단계로 든 것은 위기의식을 고조시키는 것이다.

셋째, 눈에 보이지 않는 변화에 주목해야 한다는 점이다. 변화는 구성원들의 일하는 방식, 추구하는 가치와 같은 눈에 보이지 않는 것들이 더 중요하다.

넷째, 저항과의 싸움이다. 변화는 필연적으로 저항을 불러일으킨다. 저항 없는 변화는 본질적인 변화가 아니며 저항은 매우 자연스러운 것이기도 하다. 저항을 굴복시키거나 설득하기 위해서는 변화를 계획하기 훨씬 이전부터 실행 이후 '꽤 오랫동안' 지속적으로 소통이 이루어져야 한다.

다섯째, 과감한 행동과 함께 진화론적 적응이 중요하다. 기업에게 필요한 변화는 기술 혁신이나 외부 경영 환경의 급작스런 변동으로 촉발된 경영진 주도의 탑-다운 변화와 눈에 띄지 않게 분산된 작은 움직임들이 오랜 시간 조직 전체에서 광범위하게 지속적으로 일어나는 바텀-업 변화 두 가지다.

카진스키와 깁슨은 혁신을 통한 새로운 성장기회의 평가와 정열을 위하여 적당한 시기에 다음과 같은 질문을 던지라고 요구한다.

a. 고객경험과 행동을 극적으로 바꿀 힘을 갖고 있는가?
b. 경쟁우위의 기반을 바꿀 힘을 갖고 있는가?
c. 업계의 경제학을 바꿀 힘을 갖고 있는가?

또한 혁신의 확산단계와 수렴단계에서 혁신구조물을 구축하라고 요구하는데 혁신의 확산단계에서는 풍부한 아이디어와 전략적 옵션의 포트폴리오로 구성한 것, 그리고 혁신의 수렴단계에서는 분명한 전략적 방향으로 기업을 이끌 아이디어 군집마련을 하라고 요구한다. 혁신포트폴리오를 구성하려면 모든 아이디어를 10-15개 서로 다른 군집분야로 묶은 다음 최종적으로 3-4개의 혁신구조물의 주요요소로 하여야 한다.

한편 그들은 혁신에 따르는 보상 문제를 언급한다. 예산배분, 인력재배치, 하이브리드 조직 등 기업조직 자원의 관리와 성과 배가 방안을 고려하여야 한다. 한편, 혁신투자의 속도조절과 위험관리에 주의도 필요하다.

어느 정도 진행된 변화에 대하여 근본적 혁신역량의 구축을 위해서는 ① 공급과 수요의 역동적 균형유지, ② 체계적인 혁신역량의 구축 및 ③ 혁신의 지속성 확보를 위한 조치가 필요하다.

4. 변화와 혁신의 내적 리더십 팀

전통적으로 변화와 혁신에서 리더의 역할은 솔선수범 행동자, 코치, 컨설턴트 및 교육가(육성자)로 언급된다. 이러한 관점에서 저자는 메타 인지적 소양을 가진 리더의 모습을 중요한 모습으로 강조했다. 즉 메타 인지적 리더는 모든 상황을 총체적으로 분석하고 그에 맞는 상황에 적합한 리더의 역할을 하라고 하는 주문이다. 이것은 능동적이고 자율적인 행동으로 매우 어렵지만 한 가지 유일무이한 해결안이 없는 상황에서 한 가지 방법만을 고수하는 리더십은 실패할 확률이 높다. 이것은 다양성을 가지고 유연하게 적응적 대응으로 추진해 나가는 리더십을 말하는데 그렇다면 이에 대한 시각은 어떨까?

Mckynse & company(2014)에 따르면, 일정한 규모의 조직에서 탁월한 성취를 가져오는 조직은 각 구성원들에게 개별적으로 성과를 내도록 관리하는 접근이 아니라, 각 개인들이 자신들의 내면을 탐색하면서 자신이 가장 탁월하게 일을 할 수 있는 환경과 조건을 찾아갈 수 있도록 돕고 있다고 한다. 특히 개인들의 내면에 대한 자기 인식 프로필은 조직의 업무 규정보다 훨씬 다양하고 복합적이기 때문에 리더들의 역할도 더 분화되고 다르게 접근할 필요가 있다고 주장하며 그래서 Mckynse & company(2014)[20]는 이러한 상황을 토대로 다음과 같이 4가지 유형의 내적 리더십 팀을 생성하였다.

– 영감을 주는 비전지기
– 분석적 전략지기
– 정서적 친밀지기
– 실천적 실행지기

이렇게 4가지로 내적 리더십 팀을 생성을 제안하는 이유는 리더 한 사람이 다양한 구성원들의 모든 욕구와 필요를 충분하게 응답하는데 한계를 가질 수 있기 때문이다. 리더는 조직의 필요를 위해 개인을 이끌어가는 것이 아니라 각 개인이 자신의 역량을 가장 탁월하게 드러낼 수 있는 올바른 시간, 올바른 과업, 올바른 목표, 올바른 비전과 전략을 연결할 수 있는 역량을 구비해야 한다. 이를 위해서는 리더 자신이 먼저 자신의 자기 인식 프로필 작성을 통해 자신이 4가지 역할 중 어떤 리더십에 더 탁월함과 강점을 보이는지를 탐색하고 성찰해야 한다. 그래서 형식적이고 직급 상 구분이 아니라 또는 위계 상 구분이 아니라 총체적인 관계라는 관점에서 기존과는 다른 패러다임으로 접근해야 한다고 주장한다. 따라서 내적 리더십 팀은 핵심질문을 토대로. 실행지침을 연결할 수 있어야 한다. 이러한 맥락에서 조직의 사업 전략은 다시 설계되어야 하며, 조직구조 역시 새롭게 재편되어야 한다. 〈표 3〉은 내적 리더십 구성표를 나타낸다. 내적리더십은 달리 말하면 메타인지적 리더십과 결국 같은 의미라고 할 수 있다. 왜냐하면 자기 자신이 세팅하고 감독(모니터링)하기 때문이다.

〈표 3.3〉 내적리더십 구성표[21]

4개 팀 구성	핵심질문	힘의 원천	실행지침
영감주는 비전지기	내가 원하는 것은? 내가 원하지 않는 것은?	직관	자신의 비전생성하기 자신의 비전 소통하기
분석적 전략지기	내 생각은? 내 의견은?	이성	객관적 사실과 수치제시 모든 프로세스 점검
정서적 친밀지기	어떻게 감성을 돌볼것인가? 우리의 신뢰수준은 어느정도?	감성	감정에 대해 민감하기 협력과 신뢰유지
실천적 실행지기	내가해야 할 과업은 무엇인가? 언제까지 마쳐야 하나?	의지	자신감에 기반한 소통 자신의 위치에서 실행

이 구성표에 의한 실행은 변화와 혁신의 전 과정에 걸쳐 할 수 있다.

Mckynse & company(2014)에 따르면 〈표. 3.3〉에서 보는 것처럼 '영감을 주는 비전지기', '분석적 전략지기', '정서적 친밀지기', '실천적 실행지기' 이렇게 4가지로 내적 리더십 팀을 생성할 것을 제안하는 이유는 리더 한 사람이 다양한 구성원들의 모든 욕구와 필요를 충분하게 응답하는데 한계를 가질 수 있기 때문이다. 리더들은 조직의 필요를 위해 개인을 이끌어가는 것이 아니라, 각 개인이 자신의 역량을 가장 탁월하게 드러낼 수 있는 올바른 시간, 올바른 과업, 올바른 목표, 올바른 비전과 전략을 연결할 수 있는 역량을 구비해야 하기 때문이다. 이를 위해서 리더 자신이 먼저 자신의 자기 인식 프로필 작성을 통해 자신이 4가지 역할 중 어떤 리더십에 더 탁월함과 강점을 보이는지 탐색하고 성찰해야 한다. 그래서 형식적이고 직급상 구분이 아니라, 또는 위계상의 구분이 아니라 총체적인 관계라는 관점에서 기존과는 다른 패러다임으로 접근해야 한다. 따라서 내적 리더십 팀은 핵심질문을 토대로 실행지침을 연결할 수 있어야 한다. 이러한 맥락에서 조직의 사업 전략은 다시 설계되어야 하며, 조직구조 역시 새롭게 재편되어야 한다.

5. 요약 및 결론

이번 장은 제1장과 제2장의 리더십, 변화 및 혁신 이론에 이어서 그 세가지가 조합된 통합적 개념화와 그러한 리더십을 탐색하여 보는데 초점을 두었다.

이것은 변혁적 리더십이라는 이름아래 검토되었다. 먼저, 변혁적 리더십의 창출에 필요한 배경으로 전제조건을 검토하였다. 여기서 메타인지, 예, 탈무드적 인간, 자기 주도적 창의적 리더십 사례, 배려와 파괴적 리더십의 사례를 들었다. 그 다음으로 변혁적 리더십과 관련하여 생각해 보아야 하는 문제들을 검토하였다. 환경 분석, 비전설정, 미션설정, 실행 및 피드백 등을 변화와 혁신의 4단계에 입각하여 그 과정을 살펴보았다. 우리가 알 수 있는 것은 리더십의 유일무이한 정답은 없으며 앞으로도 유연하게 변할 것이며 우리에겐 창조성이 필요하다는 점이다. 자유로운 논의와 실험을 통하여 성공적인 리더십을 만들어 나가야 하는 것은 개인들에게 맡겨진 인생의 과제다. 그리고 최소한 메타 인지적 리더십을 개발하여 자신을 통제하는 Mckynse & company의 내적 리더십을 구축하는 전략을 통하여 영감을 얻는 방안도 고려해 보아야 한다.

≪연구문제≫

1. 변혁적 리더십의 전제조건 대하여 토의해 보자.
2. 메타인지 리더십이란 어떤 것이라고 생각하는가? 사례를 들어 보자.
3. 리더의 4가지 역할을 설명하여 보자.
4. 박항서의 파파리더십의 성공요인을 토의하여 보자
5. 자기 삶의 목표를 1장 이내의 글로 써보자.

참고문헌

1) 메타(영어 : meta-, 그리스어 : μετ?→ 뒤, 넘어서, 와 함께, 접하여, 스스로)는 영어의 접두사로, 다른 개념으로부터의 추상화를 가리키며 후자를 완성하거나 추가하는 데에 쓰인다. 인식론에서 접두사 meta는 "~에 대해서"라는 뜻으로 쓰인다. 이를테면 메타데이터는 데이터에 대한 데이터이다. 메타메모리는 심리학에서 무언가를 회고할 때 이를 기억하거나 기억하지 아니하는 데 대한 개인의 지식을 뜻한다(wiki.com, 2020.1.22. 검색).

2) 김동일 외(2016). 메타인지전략의 효과에 관한 메타분석 : 집단설계연구와 단일사례연구의 비교. Asian Journal of Education 2016, Vol. 17, No. 3, pp. 21-48.

3) ibid.

4) Schraw, G., Crippen, K. J., & Hartley, K. (2006). Promoting self-regulation in science education : meta-cognition as part of a broader perspective on learning. Research in Science Education, 36(1-2), 111-139.

5) ibid.

6) Martinez, M. E. (2006). What is metacognition? Phi Delta Kappan, 87(9), 696. 김동일 외(2016)에서 재인용.

7) 홍기칠(2004). 구성주의적 자기주도학습을 위한 학습력 분석과 학습모형 개발, 교육심리연구18(1). 75-98. 김동일 외(2016)에서 재인용.

8) [네이버 지식백과] 자기효능감 [self-efficacy, 自己效能感] (두산백과).

9) https: //blog.naver.com/sowharang/221428999200(2020.1.13 검색).

10) https: //news.mt.co.kr/mtview.php?no=2019121113563717478.

11) 陰德, 남몰래 베푸는 덕행. 유음덕자필유양보의 고사에서 유래한 것으로 보인다. 오른손이 행하는 일을 왼손이 모르게 하라는 성경구와도 상통한다.

12) 본 섹션은 피터 카진스키, 로완 깁슨 저, 김태훈, LG 생활건강 옮김(2009). 핵심에 이르는 혁신. 비즈니스맵의 핵심을 요약한 내용이다.

13) ibid.

14) ibid.

15) ibid.

16) ibid.

17) ibid.

18) ibid.

19) 강진구(2017), 위기를 기회로 바꾸는 힘, LG 경제연구원.

20) Mckynse & company(2014). Change leader, change thyself. Mckynse arterly.

21) Mckynse & company(2014). Change leader, change thyself. Mckynse arterly.

이종규

영국, Exeter 대학교(철학박사, 교육학)
서울대학교 대학원 교육학과(교육학석사)

〈주요경력〉
교육부/교육과학기술부 국가공무원(1991-2018)
부산대 대외교류실장
공주대 총무과장
공주교대 사무국장(부이사관 퇴직)
숙명여대 · 한성대 · 부산대 대학원 강의
현재 신안산대학교 교양과 교수

변화와 혁신의 리더십

초판 1쇄 발행 _ 2020년 2월 29일

저 자 · 이 종 규
발 행 인 · 정 현 걸
발 행 · 신 아 사
인 쇄 · 대명프린팅
주 소 · 서울특별시 은평구 통일로 59길 4 (2층)
전 화 · (02) 382-6411 팩스 · (02) 382-6401
홈페이지 · www.shinasa.co.kr
E-MAIL · shinasa@daum.net
출판등록 · 1956년 1월 5일 (제 9-52호)

ISBN 978-89-8396-387-1 (93300)

정가 13,000 원